# Frei von Prüfungsstress

Niklaus Schmid

# Frei von Prüfungsstress

## Ein Selbsthilfe-Training für Jugendliche

Verlag für Berufsbildung
Sauerländer AG Aarau

Die Deutsche Bibliothek – CIP-Einheitsaufnahme

**Schmid, Niklaus:**
Frei von Prüfungsstress: ein Selbsthilfe-Training für Jugendliche / Niklaus Schmid. – Aarau; Frankfurt am Main; Salzburg: Sauerländer, 1995

ISBN 3-7941-3805-8

Niklaus Schmid

**Frei von Prüfungsstress**
Ein Selbsthilfe-Training für Jugendliche

Umschlag und Illustrationen:
Camille Büsser



ISBN 3-7941-3805-8
Bestellnummer 06 03805

Zu diesem Buch gehört eine Tonbandkassette mit Übungen
ISBN 3-7941-3807-4
Bestellnummer 06 03807



Verlag für Berufsbildung, Sauerländer AG, Postfach, 5001 Aarau

**Inhaltsverzeichnis**

# Einleitung

Liebe Schülerin, lieber Schüler

Du liegst an einem sonnigen Strand, im Schatten einer Palme. Ruhig plätschern die Wellen an Deine Füsse. Über Dir wölbt sich azurblau der wolkenlose Himmel. Du schliesst die Augen und geniesst den sanften Lufthauch, der kühlend über Deine Haut streicht. Du riechst das Meer. Dir ist unendlich wohl und behaglich, Du fühlst Dich frei.

Vielleicht kommen Dir jetzt Erinnerungen an vergangene Ferientage hoch: An jene Stunden, wo Du frei warst von lästigen Verpflichtungen und Alltagssorgen, wo Du eins warst mit der Natur, mit andern Menschen und Dir selbst.

Ist es diese Sehnsucht nach Freiheit, die Dich dazu geführt hat, dieses Buch in die Hand zu nehmen? Möchtest Du Dich befreien vom Schulstress, von Nervosität und Angst in Prüfungen?

Ich hoffe, dass dieses Buch das Versprechen des Titels «Frei von Prüfungsstress» auch bei Dir einlösen wird. Es könnte Dir so gehen wie einem 17jährigen Kursteilnehmer in einem meiner Kurse, der sich wie folgt äusserte:

*«Am Anfang war ich etwas skeptisch, aber jetzt muss ich sagen, dass ich in Prüfungen viel lockerer und freier bin, meine Noten haben sich auch verbessert. Das Lernen ist für mich immer noch anstrengend, doch macht es mir mehr Spass.»*

Ist für Dich Lernen ein Stress, die Schule eine Belastung, die Prüfungen ein Schreckgespenst? Dann geht es Dir wie unzähligen andern Schülerinnen und Schülern:

- Obwohl Du Dich gut auf Prüfungen vorbereitest, erlebst Du immer wieder Misserfolge. Die guten Noten, die Du eigentlich verdient hättest, bleiben aus.

- Prüfungen und Vorträge sind für Dich ein Horror. Du wirst schon nervös, wenn Du nur daran denkst.

- Du hast die «Mattscheibe» erlebt: Alles, was Du gelernt hast, war wie weggeblasen. In Prüfungen bist Du aufgeregt, verlierst den Kopf, machst dumme Flüchtigkeitsfehler.

- Du bist entmutigt, fühlst Dich als Versager, weil Du in der Schule immer wieder Misserfolge erlebt hast.

- Das Lernen bereitet Dir Mühe. Du kannst Dich nicht gut konzentrieren, lässt Dich leicht ablenken. Manchmal will Dir nichts mehr in den Kopf hinein.

- Die Schule und die Prüfungen bereiten Dir Kopf- und Bauchweh, Du leidest unter Magenverstimmungen. Vor Prüfungen schläfst Du schlecht.

- Du stehst unter Druck, befürchtest eine Katastrophe, wenn Du es nicht schaffst, durchzukommen.

Dieses Buch will Dir helfen, Dich von diesem Stress zu befreien.

**Folgende Ziele kannst Du mit diesem Buch erreichen:**

- Lernen macht Dir mehr Freude und Du kannst Dich besser konzentrieren.
- Es gelingt Dir, Dich zu entspannen, wenn Du aufgeregt und nervös bist.
- In Prüfungen bewahrst Du einen klaren Kopf. Du fühlst Dich sicher und frei.
- Im Stress von Noten und Prüfungen bleibst Du ruhig und gelassen, Du leistest Dein Bestes und bleibst zuversichtlich.
- Es fällt Dir leichter, das Gelernte anzuwenden. Bessere Noten und bestandene Prüfungen vermitteln Dir neue Erfolgserlebnisse.

# Über dieses Buch

Immer wieder begegnen mir in meiner Tätigkeit als Schulpsychologe und in meiner psychotherapeutischen Praxis Kinder und Jugendliche, die trotz guter Begabung in der Schule versagen. Viele leiden unter Konzentrationsstörungen, klagen über Schulstress und scheitern in Prüfungen, weil sie aufgeregt und nervös sind. Bei manchen entwickelt sich eine eigentliche Prüfungsangst. Das an sich normale Lampenfieber weitet sich aus: eine konzentrierte Prüfungsvorbereitung wird unmöglich, da die Angst vor einem möglichen Versagen lähmend wirkt. Nicht selten treten weitere Symptome auf: Manche können am Abend kaum einschlafen oder wachen mit Angstträumen auf. Kopf- und Bauchschmerzen ohne organischen Befund signalisieren eine überfordernde Stressbelastung. Durch die häufigen Misserfolge wird das Selbstwertgefühl angeschlagen. Negative Gedanken nehmen überhand: «Ich bin ein Versager, ich schaffe es nie!» Kein Wunder, wenn jegliche Freude am Lernen verloren geht und dadurch weitere Misserfolge vorprogrammiert sind.

In der psychologischen Beratung versuche ich, Kindern und Jugendlichen aus dieser «Versagensspirale» herauszuhelfen. Dabei ist es wichtig, das ganze Umfeld, also auch Eltern und Lehrkräfte, mit einzubeziehen. Es gilt, gemeinsam folgende Fragen zu klären: Wie steht es mit den Begabungen und Neigungen? Wurde die «richtige» Schule gewählt? Was verursacht die Lernstörung? Entsteht Stress durch falsche Lernmethoden, durch zu grossen Noten- oder Erwartungsdruck? Erst nach Beantwortung dieser Fragen ist eine gezielte Beratung möglich.

Wie soll Jugendlichen geholfen werden, die trotz ihrer Begabung schulische Misserfolge erleiden? Viele scheuen sich davor, eine Einzelberatung aufzusuchen, sind aber bereit, einen entsprechenden Kurs zu besuchen. So entwickelte ich in den letzten Jahren ein Kursangebot für ältere Schülerinnen und Schüler. Inzwischen haben schon viele diesen Kurs besucht, die meisten berichteten über Erfolgserlebnisse. Auch erhielt ich zahlreiche positive Rückmeldungen von Eltern und Fachleuten.

Camille Büsser, er ist ebenfalls Psychologe und Psychotherapeut, ermunterte mich, mit ihm zusammen eine Kassette herzustellen, die sich für Jugendliche mit Schulstress- und Angstsymptomen eignet. Es gibt zwar verschiedene Kassettenkurse zur Stressbewältigung. Sie richten sich aber meist an Erwachsene oder Kinder oder sind nicht auf die speziellen Schulprobleme der Jugendlichen zugeschnitten. Wir verbreiteten die erste Auflage der gemeinsam produzierten Übungskassette «Frei von Prüfungsstress» bei Fachkolleginnen und -kollegen. Das Echo war durchaus erfreulich. Jugendliche berichten immer wieder, dass ihnen die Kassette weitergeholfen hat.

In diesem Buch möchte ich meine Erfahrungen aus meinen Beratungen, vor allem aber aus den Kursen für Schülerinnen und Schüler weitergeben. Das Buch richtet sich direkt an die betroffenen Jugendlichen. Es vermittelt ihnen ganz konkrete Anregungen, wie sie konzentrierter lernen und ihre Nervosität und Angst in Prüfungen überwinden können. Im Zentrum des Buches steht das Selbsthilfeprogramm mit erprobten Entspannungsübungen, einem mentalen (geistigen) Training und einem «Erste-Hilfe»-Programm, das in der Prüfungssituation Erleichterung verschafft. Eine wertvolle Unterstützung des hier schriftlich vorliegenden Kurses ist die bereits erwähnte Übungskassette «Frei von Prüfungsstress». Hinweise zur Lernplanung und Lernmethodik sind in diesem Buch auf ein Minimum beschränkt. Zu diesem Thema gibt es bereits zahlreiche Bücher für alle Altersstufen. Wem die kurzen Lerntips nicht genügen, kann sich aufgrund der Angaben im Literaturverzeichnis ein entsprechendes Buch besorgen.

In einem Kapitel richte ich mich speziell an Eltern, Lehrkräfte und Fachleute. Sie können die Bemühungen der Jugendlichen unterstützen und viel zur Vermeidung und zum Abbau von Schulstress und Prüfungsangst beitragen. Wenn jüngere Schülerinnen und Schüler von verständnisvollen Erwachsenen Anleitung erhalten, kann das Selbsthilfeprogramm schon auf einer früheren Altersstufe eingesetzt werden.

Nun möchte ich den Jugendlichen des Kurses 1/92 «Frei von Prüfungsstress» herzlich danken. Sie haben mir erlaubt, von den Gesprächsrunden Tonbandaufnahmen zu erstellen und ihre Äusse-

*Lernen, ohne auf Freizeit verzichten zu müssen*

rungen anonym (d.h. mit geänderten Namen) im Buch zu zitieren. Mein Dank gilt ferner Camille Büsser für die Illustrationen und die grafische Gestaltung, aber auch für seine wertvolle Unterstützung bei der Entstehung des Buches und der Kassette. Liz Metzger-Moser half mir beim Schreiben der Tonband-Transkripte und grosser Teile des Manuskriptes. Viele Anregungen und Unterstützung erhielt ich auch aus dem Kreis meiner Kolleginnen und Kollegen und von Jugendlichen in meinen Kursen und Beratungen. Dafür bin ich allen sehr dankbar.

Ich hoffe, dass viele Jugendliche das Buch mit Gewinn lesen werden und dass es ihnen mit dem vorgeschlagenen Übungsprogramm gelingt, konzentriert und locker zu lernen und Prüfungen sicher und gelassen zu bestehen. Dann werden sich bald Erfolgserlebnisse einstellen, die nicht nur das Lernen beflügeln, sondern auch eine neue Lebensfreude vermitteln.

Niklaus Schmid

## Über den Autor

Dr. Niklaus Schmid-Heimes, Schulpsychologe und Psychotherapeut, schrieb dieses Buch aufgrund seiner langjährigen Erfahrungen mit Stressbewältigungskursen für Schülerinnen und Schüler. Er ist Leiter der Erziehungsberatungsstelle Allschwil, Basel-Landschaft, und führt eine psychotherapeutische Praxis in Basel. Als Vater von drei erwachsenen Kindern und einer schulentlassenen Tochter kennt er den Schulstress auch aus der Sicht der Eltern. Kinder in der schwierigen Zeit des Erwachsenwerdens begleiten, ist das Thema seines ersten Buches «Wenn Kinder erwachsen werden».

Das Buch «Frei von Prüfungsstress» und auch die Trainingskassette entstanden in freundschaftlicher Zusammenarbeit mit Camille Büsser, Psychologe und Psychotherapeut. Er gestaltete die Grafik des vorliegenden Buches.

# Wie ist mein Stress?

## 1. Die Stress-Checkliste

Mit dieser Checkliste kannst Du herausfinden, wie es mit Deinem Schul- und Prüfungsstress steht. Du erhältst Antwort auf die Fragen: Wie gross ist mein Stress bei der Vorbereitung und in der Prüfung? Woher kommt der Stress? Was kann ich dagegen unternehmen?

Die Checkliste zeigt Dir auch, welche Kapitel dieses Buches für Dich besonders wichtig sind.

Es ist ganz leicht, diese Checkliste auszufüllen, Du brauchst kaum zehn Minuten dafür aufzuwenden. Ich empfehle Dir, dies gerade jetzt zu tun, bevor Du weiterliest.

### *STRESS-CHECKLISTE*

- *Lies die folgenden Aussagen genau durch.*

- *Wenn ein Satz auf Dich zutrifft, kreuze das schattierte Feld an (in den Kolonnen A, B, C oder D).*

- *Sei grosszügig mit Ankreuzen: Die Aussage muss nicht ganz genau auf Dich zutreffen. Falls für Dich der Satz überhaupt nicht stimmt, lässt Du das schattierte Feld frei.*

| | A | B | C | D |
|---|---|---|---|---|
| Mir fällt es schwer, mit den Hausaufgaben anzufangen. | ■ | | | |
| An strengen Schultagen habe ich keinen Appetit. | | ■ | | |
| Ich kann nicht lange stillsitzen. | | | | ■ |
| Es gibt kein Schulfach, das ich wirklich mag. | | | ■ | |
| Mir wird flau im Magen, wenn ich an die Prüfung denke. | | ■ | | |
| Zum Lernen brauche ich meine Lieblingsmusik. | ■ | | | |
| Manchmal ertappe ich mich beim Tagträumen. | | | | ■ |
| Oft schiebe ich meine Schulaufgaben vor mir her. | ■ | | | |
| Das Lernen fällt mir schwer, wenn ich an die Prüfung denke. | | ■ | | |
| Man könnte mich als faul bezeichnen. | | | ■ | |
| Beim Lesen eines Textes bin ich oft geistig nicht dabei. | | | | ■ |
| Ich bin nicht sicher, ob ich diese Schule abschliesse. | | | ■ | |
| Meine Eltern sind ständig hinter mir her, ich solle mehr lernen. | | | ■ | |
| Ich habe schon Angstträume wegen der Schule gehabt. | | ■ | | |
| Die meisten Schulfächer interessieren mich nicht. | | | ■ | |
| Ich habe zu Hause keinen festen Arbeitsplatz. | ■ | | | |
| Nach Prüfungen fühle ich mich meistens mies. | | ■ | | |
| Auch wenn ich viel lerne, bekomme ich keine besseren Noten. | ■ | | | |
| Ich arbeite für die Schule vor allem, weil die Eltern es wollen. | | | ■ | |
| Wer Freude an der Schule hat, ist ein Streber oder Kriecher. | | | ■ | |
| Geräusche und Störungen lenken mich leicht ab. | | | | ■ |
| Wenn ich ein Referat halten soll oder etwas vor der Klasse sagen muss, habe ich grosses Lampenfieber. | | ■ | | |
| Ich fühle mich an meinem Arbeitsplatz zu Hause unwohl. | ■ | | | |
| Die Schule ist mir ziemlich verleidet. | | | ■ | |
| Im Schulunterricht bin ich oft abwesend mit meinen Gedanken. | | | | ■ |
| Ich habe in meinem Zimmer und den Schulsachen ein Durcheinander. | ■ | | | |

| | A | B | C | D |
|---|---|---|---|---|
| In meiner Freizeit ist es mir öfter langweilig. | | | ■ | |
| Es kommt vor, dass ich in Prüfungen zittere, schwitze oder rot im Gesicht werde. | | ■ | | |
| Mich lenkt es beim Lernen ab, wenn ich draussen Jugendliche sehe oder höre. | | | | ■ |
| Kaum habe ich Wörter gelernt, vergesse ich sie wieder. | ■ | | | |
| Wenn ich bedrückt bin, kann ich nichts mehr lernen. | | | | ■ |
| An der Schule gefallen mir vor allem die Pausen und die Ferien. | | | ■ | |
| Ich schlafe schlecht vor wichtigen Prüfungen. | | ■ | | |
| Ich weiss noch nicht, welchen Beruf ich erlernen werde. | | | ■ | |
| Ich teile mir meine Aufgaben nicht ein, mache keinen Zeitplan. | ■ | | | |
| Beim Lernen fällt mir öfter ein Fernsehfilm ein, den ich heute noch ansehen möchte. | | | | ■ |
| Ich habe schon Medikamente genommen, um mich zu beruhigen oder um zu schlafen. | | ■ | | |
| Ich notiere die Schulaufgaben und die Prüfungsdaten nicht. | ■ | | | |
| Wenn ich mich geärgert habe, ist es aus mit dem Lernen. | | | | ■ |
| Beim Lernen mache ich selten eine Pause. | ■ | | | |
| Ich melde mich im Unterricht kaum, weil ich mich nicht blamieren will. | | ■ | | |
| In der Schule habe ich Misserfolge erlebt. | | | ■ | |
| Wahrscheinlich lerne ich mehr als meine Klassenkameraden. | ■ | | | |
| Es fällt mir schwer, im Unterricht aufmerksam zu sein. | | | | ■ |
| Manchmal fehlt mir die Energie zum Lernen. | | | ■ | |
| Vor bestimmten Lehrpersonen habe ich Angst. | | ■ | | |
| Ich muss mich oft zwingen, bei der Schularbeit zu bleiben. | | | | ■ |
| Ich lerne fast nie mit andern zusammen. | ■ | | | |
| Manchmal erlebe ich in Prüfungen, dass ich alles Gelernte wieder vergessen habe. | | ■ | | |

| | A | B | C | D |
|---|---|---|---|---|
| Wenn ich lerne, gehen mir andere Gedanken durch den Kopf. | | | | ■ |
| Schlechte Noten machen mich fertig. | | | ■ | |
| Ich unterbreche meine Schularbeit oft, um etwas anderes zu machen. | | | | ■ |
| Für Prüfungen lerne ich meist am letzten Tag. | ■ | | | |
| Ich empfinde mich als Schulversager. | | | ■ | |
| Vor Prüfungen leide ich öfters an Kopf- oder Bauchschmerzen oder sonstigen Beschwerden. | | ■ | | |
| Beim Lernen denke ich oft an Dinge, die ich noch erledigen muss. | | | | ■ |
| Schlimm ist es für mich, wenn ich meine Eltern mit schlechten Noten enttäusche. | | ■ | | |
| Ich mache meine Aufgaben gerade dann, wenn es mir einfällt, manchmal gar nicht. | ■ | | | |
| Im allgemeinen bin ich bei Schulprüfungen nervös. | | ■ | | |
| Wenn jemand mich anruft, um mit mir etwas zu unternehmen, kann ich nicht gut weiterlernen. | | | | ■ |

| | A | B | C | D |
|---|---|---|---|---|
| Total Punkte | | | | |

## ***Auswertung der Stress-Checkliste***

- Zähle alle Punkte für die Kolonnen A, B, C und D zusammen.
- Errechne die Gesamtpunktzahl (alle Punkte von A+B+C+D).

A: ■ Arbeitstechnik, Lernmethoden
B: ■ Prüfungsangst
C: ■ Motivation, Einstellung
D: ■ Konzentration, Aufmerksamkeit
Total: ■ Schul- und Prüfungsstress

## 1. Wie gross ist Dein Schul- und Prüfungsstress? (Total Punkte)

**0–9 Punkte: Keine Stressbelastung.** Bist Du beim Ausfüllen der Checkliste Dir gegenüber ehrlich gewesen? Dann kann ich Dir gratulieren: Du hast in der Schule keinen Stress und auch keine Lernprobleme. Trotzdem kann Dir dieses Buch helfen, besser und mit geringerem Aufwand zu lernen. Vielleicht gibst Du es anschliessend an jemand weiter, der mehr Schulstress hat als Du.

**10–19 Punkte: Gelegentliche Stressbelastung.** Schule und Lernen sind öfters ein Stress für Dich. Das Selbsthilfeprogramm wird Dir Erleichterung verschaffen. Siehe Kapitel: «Mein Trainingsprogramm», Seite 91.

**20–29 Punkte: Dauernde Stressbelastung.** Du bist in einem Dauerstress in der Schule und beim Lernen. Lies im Kapitel 2 nach, ob Du Deine Einstellung zum Lernen und Deine Lernmethoden ändern sollst. Die Entspannungsübungen und das mentale Training des Selbsthilfeprogramms können Dir eine grosse Hilfe sein, Du findest dies auf Seite 91 ff.

**30 Punkte und mehr: Übermässige Stressbelastung.** Deine Lernprobleme sind gross. Dieses Buch kann Dir helfen, diese Probleme zu lösen. Doch wäre es gut für Dich, Deine Lernschwierigkeiten mit Deinen Eltern und Lehrern zu besprechen. Wenn dies nicht weiterhilft, empfehle ich Dir, fachliche Hilfe zu suchen (Psychologische Abklärung, Berufsberatung).

## 2. Woher kommt der Schul- und Prüfungsstress?

**Nun schaue nach, wieviele Punkte Du in den Bereichen A, B, C und D hast. Der Bereich mit der höchsten Punktzahl sagt aus, wo vor allem Dein Lernproblem liegt. Die einzelnen Kapitel des Buches gehen speziell auf diese Bereiche ein.**

**A Arbeitstechnik, Lernmethoden, Zeitplanung**
Wenn Du hier 5 und mehr Punkte hast: Du gerätst in Stress, weil Du die wichtigsten Lern- und Arbeitstechniken nicht kennst oder Dich nicht danach richtest. Lies vor allem den Abschnitt «Stress beim Lernen», Seite 25.

**B Prüfungsangst**
5 und mehr Punkte: Es ist vor allem die Prüfungsangst, die Deinen Schulerfolg behindert. Dass neben der Prüfungsangst auch andere Stressfaktoren mitwirken, zeigen die Punktzahlen in den andern Bereichen. Für Dich ist das Trainingsprogramm eine nützliche Hilfe! (Siehe Seite 91 ff.)

**C Motivation, Einstellung zur Schule und zum Lernen**
5 und mehr Punkte in diesem Bereich sagen aus, dass Du zum Lernen, vielleicht zur Schule allgemein eine negative Einstellung hast. Wenn es Dir gelingt, Dich umzustimmen, wirst Du mehr Schulerfolg haben. Lies vor allem die Kapitel «Der Treibstoff zum Lernen» (Seite 34) und «Mentales Training» (Seite 99).

**D Konzentration, Aufmerksamkeit**
5 und mehr Punkte: Es fehlt Dir an der nötigen Konzentration und Aufmerksamkeit. Beides kannst Du trainieren mit den beiden Entspannungsübungen, vor allem mit der Konzentrationsübung im Sitzen (siehe Seite 97).

## 2. Wie Jugendliche Schulstress erleben

Nachdem Du Deine Checkliste ausgewertet hast, interessiert es Dich vielleicht, wie andere Jugendliche den Stress in der Schule und speziell in Prüfungen erleben. In diesem Buch führe ich immer wieder Aussagen von Schülerinnen und Schülern an, die einen meiner Kurse «Frei von Prüfungsstress» besuchten. Sie waren damit einverstanden, dass ich Tonbandaufnahmen mache und Ausschnitte in diesem Buch zitiere. Den Text habe ich aus der Mundart «übersetzt» und aus Diskretionsgründen sämtliche Namen geändert.

Nun möchte ich Dir die Jugendlichen des Kurses kurz vorstellen. Dies hilft dir, ihre Aussagen im Laufe dieses Buches besser zu verstehen.

**Andreas (18):** Besucht eine Privatschule, um dort die Matura zu machen. Musste schon eine Klasse wiederholen. Obwohl er ein Ziel vor Augen hat, bereitet ihm das Lernen grosse Mühe.

**Anita (21):** Gymnasiastin, kurz vor der Matura. Weil ihre Schullaufbahn einige Schlaufen aufweist, ist sie schon über zwanzig Jahre alt. Trotz aller Lernschwierigkeiten will sie den Abschluss schaffen.

**Brigitte (17):** Besucht eine Diplommittelschule. Sie hat oft in Prüfungen Blackouts. Da ihr die Schule oft zum Hals heraushängt, erlaubt sie sich gelegentlich einen freien Tag.

**Dominik (16):** Trat vom Gymnasium in die Realschule, von dort in die Diplommittelschule über. Jetzt beginnt es erneut zu kriseln.

**Felix (18):** Gymnasiast, steht kurz vor der zweiten Wiederholung einer Klasse, und dies trotz seiner guten Begabung. Er muss sich regelrecht zwingen, seine schulischen Pflichten zu erledigen.

**Mike (16):** Hat immer wieder Misserfolge in der Schule erlebt, da er in Prüfungen versagte. Jetzt fällt ihm das Lernen und Erledigen der Hausaufgaben schwer.

**Patrick (21):** Lehrling in einem handwerklichen Beruf. Die bevorstehende Abschlussprüfung macht ihm grosse Sorgen.

**Pierre (16):** In dem Jahr, als er die Klasse wiederholte, lernte er so wenig, dass sein Zeugnis wieder schlecht war. Er ist sehr entmutigt und hat die Freude am Lernen verloren.

**Oliver (18):** Sehr eifriger und interessierter Schüler im Gymnasium. Er will nicht als Streber oder gar Kriecher angesehen werden. Trotz seines Einsatzes bleibt der Erfolg (=gute Noten) oft aus.

Was sind die Gründe, die diese Schülerinnen und Schüler bewogen haben, einen solchen Kurs zu besuchen? Hören wir, was sie am ersten Kursabend berichteten:

### Ich erlebe in Prüfungen Abstürze

„ Anita: *Ich mache, wenn es gut geht, diesen Sommer die Matura. Wenn ich nur daran denke, werde ich ganz kribbelig. Ich habe eine etwas merkwürdige Schullaufbahn hinter mir, und deshalb bin ich auch älter als meine Schulkameraden. Obwohl ich eigentlich sehr motiviert zum Lernen bin und auch*

*fast meine ganze Freizeit dafür opfere, erlebe ich in Prüfungen immer wieder Abstürze. Das bringt mich manchmal zur Verzweiflung.* "

**Morgens um zwei bin ich noch hellwach**

" Felix: *Du hast es wenigstens gut, Du bist nur noch etwa ein halbes Jahr in diesem Stress! Bei mir dauert es mindestens noch drei Jahre. Ich wiederhole jetzt meine Klasse und bin beim letzten Zeugnis haarscharf daran vorbeigekommen, herausgeschmissen zu werden. In der letzten Zeit habe ich ziemlich Probleme mit dem Schlafen; morgens um zwei Uhr bin ich noch hellwach. Ich versuche dann krampfhaft einzuschlafen, weil ich weiss, dass ich sonst bei der wichtigen Mathematikprobe zu müde bin. Es ist schon vorgekommen, dass ich gegen sechs Uhr eingeschlafen bin, worauf meine Mutter die grösste Mühe hatte, mich zu wecken und in die Schule zu befördern.* "

**Ich habe oft eine Mattscheibe**

" Brigitte: *Ich komme in diesen Kurs, weil ich oft eine «Mattscheibe» habe. Sogar im Ballett bin ich manchmal so aufgeregt, dass ich Sachen, die ich längst beherrsche, völlig vergessen habe. Ich komme mir dann sehr tolpatschig vor. In den Mathematikprüfungen geht es mir ähnlich; Es stimmt: ich bin nicht gerade ein Rechengenie, aber ich gebe mir doch meistens recht Mühe zu lernen. Und dann kommt wieder eine Zwei (=schlecht) zurück, und ich bin ganz deprimiert und habe das Gefühl, eine totale Versagerin zu sein.* "

**Das Wochenende ist verdorben**

" Pierre: *Wenn ich am Samstag eine schlechte Note zurückbekomme, ist mein ganzes Wochenende verdorben.* "

Oliver: *Bei mir ist das Wochenende futsch, wenn wir am Samstag eine Arbeit schreiben. Ich überlege mir dann den ganzen Sonntag, was ich falsch gemacht habe. Plötzlich weiss ich, was ich eigentlich hätte schreiben sollen. Aber eben, jetzt ist es zu spät, und im Laufe der nächsten Woche kommt eine entsprechende Note zurück.*

**Ich lag auf der faulen Haut**

Pierre: *Ich muss auch eine Klasse wiederholen. Ein ganzes Jahr lag ich auf der faulen Haut und habe überhaupt nichts gelernt. Jetzt habe ich die Quittung. Inzwischen habe ich auch verlernt, wie ich lernen soll. Das Ganze kotzt mich dann eben an, und ich liege wie immer faul herum.*

**Ich möchte meine Konzentration verbessern**

Patrick: *Ich mache eine Lehre, was mir eigentlich noch ganz gut gefällt. Doch eben, jetzt steht die Lehrabschlussprüfung vor der Türe, und ich muss vieles in mich hineinpauken. Aber das ist eben die Schwierigkeit, ich kann mich nur kurze Zeit auf den Stoff konzentrieren; dann wandern meine Gedanken ab. Ein Freund von mir behauptet, neben der Schule überhaupt nichts zu lernen; aber immerhin kann er im Unterricht aufpassen und so einiges mitbekommen. Und dies gelingt mir nur in meinem Lieblingsfach. Und dann ist es auch schwer für mich, lange konzentriert dazusitzen und aufzunehmen. Ich habe mich für diesen Kurs angemeldet, weil ich gelesen habe, dass man auch die Konzentration verbessern könnte.*

Soweit die Aussagen von Schülerinnen und Schülern im Antistress-Kurs.

**Zusammenfassung Kapitel 1: Wie ist mein Stress?**

Die Stress-Checkliste hilft Dir herauszufinden, wie gross Dein Schulstress ist, ferner erfährst Du, woran es liegt, wenn Du Probleme beim Lernen und in Prüfungen hast. Jetzt kannst Du das Buch mit besonderem Gewinn lesen. Du weisst, welche Kapitel für Dich von besonderem Interesse sind.

# Stress beim Lernen

## 1. Warum Lernen zum Stress wird

Sind Dir folgende Situationen bekannt?

- Du leidest schon bei der Vorbereitung auf eine Klassenarbeit (Schriftliche, Probe) unter verschiedenen Lernhemmungen. Es macht Dir Mühe, Dich hinter die Bücher und Hefte zu setzen und mit dem Lernen zu beginnen.

- Die kleinste Ablenkung, z.B. ein Telefonanruf eines Freundes oder auch nur entmutigende Gedanken, bringt Dich dazu, das Lernen hinauszuschieben oder gar nicht anzufangen.

- Es fehlt Dir beim Lernen an der Konzentration; Deine Gedanken schweifen ab, Du liest einen Text mehrmals, ohne dass Du ihn begreifst.

- Anstatt zu lernen, erledigst Du allerlei Unwichtiges.

- Wenn Du Dir vorstellst, dass morgen eine Prüfung stattfindet, wird Dir flau im Magen. Du wirst so nervös, dass Du nicht mehr konzentriert lernen kannst.

- Vor wichtigen Prüfungen (z.B. Aufnahmeprüfungen, Diplom- oder Matura-Prüfungen) bist Du so nervös und unruhig, dass Du abends nicht einschlafen kannst, weil sich Gedanken und Vorstellungen über missratene Prüfungen wie ein Karussell im Kopf herumdrehen.

- Du beginnst im allerletzten Moment mit dem Lernen. Du brauchst immer einen gewissen Zeitdruck, um Dich auf eine Prüfung oder einen Vortrag vorzubereiten. Dieser Druck einer Prüfungsvorbereitung im letzten Augenblick kann aber so gross werden, dass nichts mehr in Deinen Kopf hinein will.

Müheloses Lernen, mit Neugier und Freude, locker und entspannt, scheint für die meisten Schülerinnen und Schüler unbekannt zu sein. Warum wird für viele das Lernen, die Vorbereitung auf eine Prüfung zum Stress? Hören wir, wie es Jugendliche erleben:

### Mich macht der Schulstress halb kaputt

„Felix: *Mich macht der Schulstress halb kaputt. Ich habe den ganzen Winter an einer Grippe herumgedoktert und bin überzeugt, dass es etwas mit der Schule zu tun hat. Mir ist auch ganz klar, wer meinen Stress macht: Das ist die Schule bzw. meine Lehrer. Es kommt nicht selten vor, dass wir an gewissen Tagen zwei Arbeiten schreiben müssen. Kürzlich mussten wir innerhalb von drei Tagen fünf schriftliche Prüfungen über uns ergehen lassen. Aber so ist es eben! Jeder Fachlehrer findet sein Fach am wichtigsten; ihn interessiert nicht, was seine anderen Kollegen machen. Wehe, wenn einer wagt zu motzen! Wir seien schliesslich freiwillig in der Schule, für die Matura würde eben etwas gefordert.*"

„Anita: *Es stimmt, es ist einfach das Schulsystem, welches diesen Stress ausmacht. Die Leistungsgesellschaft, die von uns verlangt, eine Matura oder ein Diplom zu haben, wenn wir später einen guten Beruf erlernen wollen.*"

### Ich werde als Lernmaschine betrachtet

„Andreas: *Mich stresst es, wenn ich als eine Lernmaschine betrachtet werde, die Tag und Nacht*

*Freude am Leben trotz Schulstress*

*Vokabeln, Formeln und Geschichtsdaten reinbüffelt. Ich bin jetzt bald 18 Jahre alt und möchte nicht erst leben, wenn ich einmal meine Matura gemacht habe. Ich möchte mein Handballtraining nicht missen, dann gehe ich aber auch gerne aus oder tue einfach nichts. Wer weiss, ob ich später einmal noch Zeit haben werde, all dies zu tun?* ”

### Die Schule ist krank!

Brigitte: *Wenn ich einmal über die Scheiss-Schule schimpfe, wirft mein Vater mir vor, dass ich eben zu wenig lerne, dass ich keine Arbeitsdisziplin habe und alles bis zum letzten Moment aufschiebe. Also damit muss er mir nicht kommen! Die Schule ist krank oder meinetwegen die ganze Gesellschaft.*

Patrick: *Ich kenne einige Kolleginnen und Kollegen, die niemals über Stress klagen.*

Felix: *Dies sind eben die Genies, die halben Einsteins, diese idiotischen IQ-Protzer.* Aber wir geistigen Normalverdiener haben es eben schwer.*

### Ich will meinen Eltern gefallen

Brigitte: *Wenn Du es schon so schwer hast, warum gehst Du überhaupt ins Gymnasium? Entschuldige, aber genau diese Frage habe ich mir selber immer wieder gestellt. Inzwischen habe ich aber gemerkt, dass ich damit vor allem meinen Eltern gefallen will.*

Patrick: *Gib doch diese Schule auf und mache irgendeine Lehre wie ich.*

Brigitte: *So einfach ist es auch wieder nicht, denn meine Eltern sind eigentlich ganz nett. Ihr müsst Euch auch nicht vorstellen, sie zwingen mich, diese Schule zu besuchen. Das wäre übrigens bei mir gar nicht so leicht möglich. Bei meinem Bruder haben*

*IQ = Intelligenzquotient, Mass für die geistige Begabung

*sie es probiert, aber der ist kurz vor der Matura ausgestiegen. Damals habe ich gemerkt, wie sehr meinen Eltern daran liegt, dass aus ihren Kindern etwas Richtiges wird. Könnt Ihr mich verstehen, dass ich sie jetzt nicht nochmals enttäuschen will?* ”

„ Andreas: *Nein, ehrlich nicht. Es ist ja schliesslich Dein Leben.* ”

„ Brigitte: *Haben denn Deine Eltern keine Erwartungen an Dich?* ”

„ Andreas: *Ja sicher, und jede Menge. Nur bin ich nicht das brave Söhnchen, das so rasch spurt. Im Moment lebe ich sowieso etwas auf Kriegsfuss mit meinen Eltern. Ihnen wäre eigentlich jede Ausbildung recht, wenn ich nur brav meine Pflicht erfülle, sauber, pünktlich und zuverlässig bin. Aber genau das kann ich im Moment nicht bieten.* ”

## Ich komme mir vor wie ein Zahnrädchen

„ Patrick: *Ich komme mir vor wie ein Zahnrädchen in einem riesengrossen Getriebe. Meine Freiheit besteht darin, dass ich einverstanden bin, dass ich als Zahnrädchen weiter rotiere.* ”

„ Gesprächsleiter: *Braucht ihr eigentlich den Druck von aussen, um lernen zu können?* ”

„ Patrick: *Man soll den Leistungsdruck als Aufforderung nehmen. Das ist natürlich rein theoretisch. Man sollte es eigentlich als Sport ansehen, ja wenn man schon irgendwie durch die Schule muss.* ”

Brigitte: *Warum so eine künstliche Motivation wie Notendruck? Du solltest Dich auch so motivieren können für das Lernen. Wie die kleinen Kinder im Grunde genommen, die auf alles neugierig sind.*

Pierre: *Könntest Du das, so ohne Druck? Ich weiss nicht. Das geht, wenn es Dich interessiert. Aber es gibt Sachen, die Dich nicht interessieren, und die musst Du trotzdem lernen.*

**Ich mache mir den Stress selber**

Andreas: *Bei mir ist es so: Ich mache mir den grössten Teil vom Stress schon selber. Früher hatte ich immer gute Noten und machte auch viel Sport, etwa vier verschiedene Sportarten gleichzeitig. Und jetzt mache ich gar nichts mehr, und jetzt scheisst es mich an, zu lernen. Also wenn ich daheim sitze und irgend etwas mache, ein Buch lese oder Musik höre, dann sollte ich lernen. Früher ist es auch besser gegangen. Da habe ich gedacht: Ach ja, Sport, dann kommst du heim um acht und dann lernst du noch. Wenn ich gar keinen Sport mache, keinen Kampfsport und gar nichts, dann habe ich auch keine Motivation zum Lernen. So habe ich damals überlegt: Jetzt kommst du heim und machst die Aufgaben, weil du sie nur in dieser Zeitspanne machen kannst, und dann macht man sie, dann geht man schlafen, dann hat man in der Regel ein Pensum: Schule, Aufgaben, Essen, wieder Schule, Training, Aufgaben, Schlafen, und dann fängt es wieder von vorne an.*

Patrick: *Findest Du dies nicht auch ein Stress, wenn Du so völlig verplant bist?*

Andreas: *Ich habe es toll gefunden! Ich machte gern Sport, wir hatten eine tolle Gruppe. Und das Lernen hat mir auch Spass gemacht.*

**Mir machte der Stress Spass**

Brigitte: *Kürzlich hat mir meine Mutter etwas verboten, es ist das erste Mal, dass sie etwas verboten hat. Es war diesen Winter, da wollte ich an die Proben für ein Theaterstück gehen, weil ich schon im vorigen Jahr im Chor mitgesungen habe. Die Proben wären am Morgen gewesen. Sie sagte: «Nein, ich will Dir keine Entschuldigungen schreiben für die Zeit, in der Du fehlst, sonst wirst Du nämlich noch schlechter.» Aber damals, vor einem Jahr, ist das so glänzend gegangen, wenn ich auch schon mal etwas hässig war. Ich konnte meist nur die beiden ersten Stunden am Morgen in die Schule, und ja, teilweise bin ich gar nicht in die Schule gegangen. Aber ich hatte meinen besten Notendurchschnitt! He, ich hatte eine 5,25 im Schnitt! Ich war noch nie so gut in der Schule. Ich lernte während den Vorstellungen. Es ist zwar für Aussenstehende ein Stress gewesen, doch mir selber machte es Spass.*

Mike: *Ich hatte das Glück, dass mir meine Eltern nicht meine Freizeitbeschäftigungen abgestellt haben. Ich war auch eine Zeitlang in der Schule schlecht. Doch meine Eltern haben gefunden, ich brauche ja eine Abwechslung, dann durfte ich weiter zu den Pfadfindern gehen. Das war noch gut, denn sonst wäre es umso schlechter gegangen, wenn sie mich rausgenommen hätten. Ich weiss nicht, es hätte durchaus eine Trotzreaktion entstehen können.*

### Dann fing es mir an zu stinken, wenn ich lernen sollte

Andreas: *Bei mir war es umgekehrt: Zuerst hörte die Motivation für den Sport auf. Ich kam abends von der Schule und dachte: «Um acht noch Training. Nein, jetzt bin ich zu müde, jetzt gehe ich nicht!» Und dann hörte ich mit einer Sportart auf und am Schluss mit allen. Und dann war ich mit der Zeit auch nicht mehr motiviert, in die Schule*

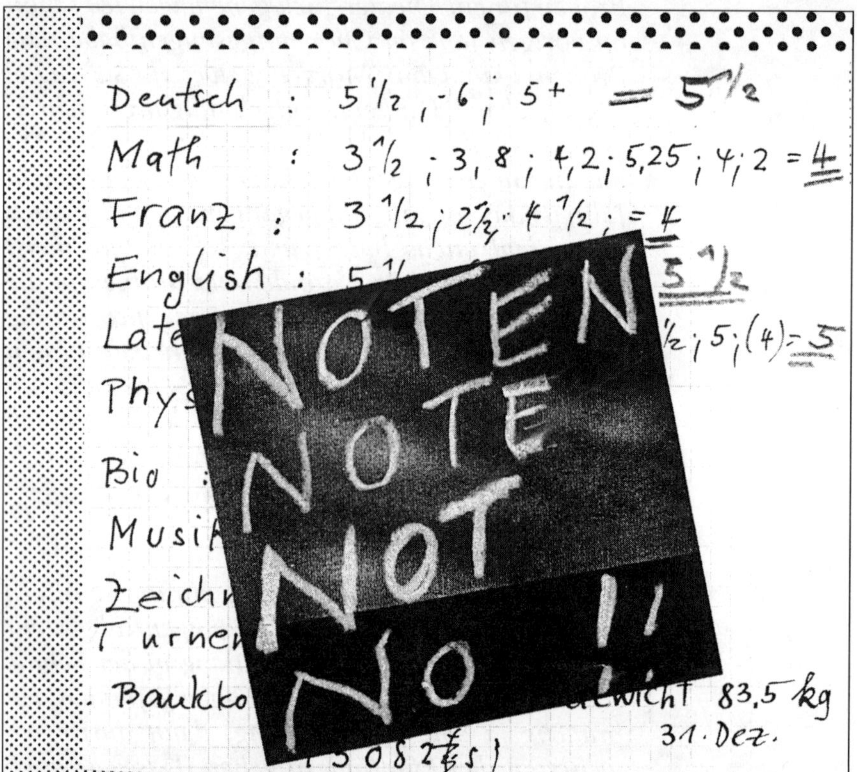


*Müssen Noten stressen?*

*zu gehen. Dann fing es mir an zu stinken, wenn ich lernen sollte. Dann war fast überhaupt keine Motivation mehr da.*

Dominik: *Mir scheint einfach: So lange du gut bist in der Schule, hast du die Motivation, weiterzumachen. Ich habe das so erlebt. Ich bin aus dem Gymnasium geflogen, in der Realschule nahmen sie mir bekannten Stoff durch. Dann war ich auch gut. Ich habe trotzdem noch mehr gelernt, weil ich merkte, dass es etwas bringt. Jetzt, nachdem ich in die Diplommittelschule aufsteigen konnte, geht es mir nicht mehr so gut. Es ist mir im Hinterkopf: «Ja das kannst du sowieso nicht!» Dann bekommst du schlechte Noten. Dann sagst du: «Siehst du, das ist der Beweis dafür.» Es ist einfach so ein Teufelskreis. Wenn man einmal schlecht ist, dann kommt man fast nicht mehr heraus.*

**Sind Gymnasiasten bessere Menschen?**

Patrick: *Das letzte Mal habe ich von einem von Euch so etwas gehört wie eine Abstufung: Gymnasium ist besser, Realschule oder Lehre sind grundsätzlich schlechter. Das ist mir so stark aufgefallen. Ich mache ja jetzt eine Lehre und möchte dann ans Lehrerseminar gehen. Von der Leistungsgesellschaft her ist die körperliche Arbeit viel weniger akzeptiert als die geistige. Ich mache jetzt «nur» eine handwerkliche Lehre und gehe nicht an die Uni und studiere irgend etwas. Ich finde es aber besser, wenn man überhaupt akzeptieren kann: «Ja, da liegen meine Schwächen, und da liegen meine Stärken.»*

Pierre: *Bei mir ist es genau gleich. Ich sagte meinen Eltern, ich wolle einen Beruf lernen, der mit Zeichnen zu tun hat. Dann kam die Reaktion: «Ah, Zeichner, aha!», irgendwie so abschätzig.*

Brigitte: *«Die Künstler sind brotlos!»*

Pierre: *Nein, das nicht, aber wie Patrick sagte, alles, was mit Handwerk zu tun hat, ist nicht so gut. Da brauchst du ja nur wenig zu lernen. Ich finde, da braucht man Talent, das hat genau so viel Wert.*

Andreas: *Das stimmt schon, aber ich habe auch von solchen, die eine Lehre machen, gehört: «Was, Du gehst noch in die Schule, was bringt das?»*

**Darum wird die Schule zum Stress**
In diesem Gespräch sind einige Faktoren genannt worden, die Schulstress und Lernprobleme verursachen:
- Die Gesellschaft, die einteilt in «höhere» und «niedrige» Schulen und Berufe.
- Druck von Eltern, die von ihren Sprösslingen Grosses erwarten.
- Druck von der Schule durch zu viel Stoff und Prüfungen, Notendruck.
- Keine Freude am Lernen, fehlende Motivation, entstanden durch schulische Misserfolge.
- Mangelnde Zeitplanung.

In den nächsten Kapiteln soll näher darauf eingegangen werden.

## 2. Der Treibstoff zum Lernen

Warum lernen wir? Warum verbringen wir in unserer zivilisierten Welt so viele Jahre auf den Schulbänken? Was spornt uns an, mit

Freude zu lernen, was hält uns davon ab? Woher kommt unsere Motivation?

### Möglichst bald unabhängig werden

Pierre: *Wieso ich lerne? Ich will die Matura machen und möglichst bald unabhängig sein, d.h. so schnell als möglich nicht mehr abhängig sein von meinen Eltern. Ich habe mir vorgenommen, dass ich in ein anderes Land ziehen will; mit der Matura habe ich mehr Berufsmöglichkeiten. Schon wenn ich an die EG denke. Und ich lerne auch für mich. Ich will einfach viel wissen. Die Dinge, die mich interessieren, nehme ich leicht auf. Das übrige versuche ich mir durch Lernen einzuprägen. Im Moment bin ich ziemlich demotiviert. In den letzten paar Monaten war es für mich recht stressig. Es war der Kreislauf: schlechte Noten – Eltern, die dann sagen: «Ja, Du hast Probleme in der Schule und jetzt bleibst Du zu Hause und gehst nicht mehr so viel fort.» Mich frustete all dies, und dann verlor ich immer mehr die Freude am Lernen.*

Brigitte: *Ich bin jetzt in der Diplommittelschule, denn ich konnte mich in der 8. Klasse noch nicht entscheiden, welchen Beruf ich lernen will. Ich brauche einfach mehr Zeit, um mir klarer zu werden. Mir geht es weniger um den Abschluss, das Diplom, das ich unbedingt will. Mir geht es einfach darum, dass ich angefangen habe und fertig machen will.*

### Ich habe ein Ziel vor Augen

Anita: *Ich habe das Ziel vor Augen, unabhängig zu sein, aber mich reizt auch das Wissen. So habe ich eine Basis, auf der ich aufbauen kann für ein Studium. Und dieses Ziel motiviert mich in der Schule. Aber ich komme immer in Clinch damit, dass das, worauf es mir eigentlich im Leben ankäme, so wenig zur Geltung kommt in der Schule. Und das demotiviert mich einfach. Ja, an einem Sonntag muss ich mich immer zwingen zu lernen, richtig zwingen. Ich würde viel lieber ein Musikinstrument spielen, oder irgendwie malen, oder einen Spaziergang machen, oder Skate-Board fahren, einfach so. Die Dränge, die ich in mir habe, ausleben. 90% meiner Zeit, die ich lebe, sind einfach für die Schule da. Und ich merke, dass ich selber zu kurz komme. Aber ich muss es einfach machen, weil ich mir das Ziel gesteckt habe. Ich möchte nicht nochmals x Jahre damit verbringen, irgend einen anderen Weg zu suchen. Und es ist auch wegen der Ablösung zu Hause. Matura ist für mich das Mittel zum Zweck, aus der Schweiz zu gehen und irgendwo im Ausland zu studieren und mein eigenes Leben aufzubauen. Und dass mir nicht immer ständig vorgeschrieben wird, wie ich zu sein habe, wo ich zu wohnen habe. Ich möchte einfach mein eigenes Leben basteln.* ”

### Ich will im Ausland studieren

“ Mike: *Ich möchte zuerst einmal meine Maturität schaffen, um dann in Unabhängigkeit zu studieren und wenn möglich auch im Ausland. Ja, ich möchte mir einfach eine Basis schaffen und auch meine Persönlichkeit reifen lassen.* ”

“ Brigitte: *Aber warum wollen denn alle weg? Ins Ausland zu gehen, scheint mir auch eine Flucht zu sein.* ”

Pierre: *Eine Flucht?*

Brigitte: *Ja, weil es einem hier nicht passt.*

Anita: *Ich will einfach ausprobieren, ob es einen anderen Platz gibt als den, wo ich wohne. Ich muss das ausprobieren.*

Oliver: *Aber so, wie Du gesprochen hast, fühlst Du Dich hier nicht wohl, daheim bei den Eltern. Zur Zeit gefällt es mir nämlich zu Hause, und ich kann nicht sagen, ich will die Matura machen, damit ich von zu Hause wegkomme.*

Anita: *Es ist nicht ein Wegkommen von den Eltern, aber ich möchte weg von dieser Umgebung. Ich bin jetzt 17 Jahre in diesem Kaff und möchte irgendwie einmal etwas anderes erleben. Herausfinden, wo mein Platz ist. Ich habe das Gefühl, dass der nicht hier ist.*

## Am Anfang war die Freude am Lernen

Wie lernt eigentlich ein kleines Kind, wenn es auf die Welt kommt? Es lernt z.B. mit Leichtigkeit innerhalb von wenigen Jahren seine Muttersprache, wenn seine Eltern zweisprachig sind, sogar zwei Sprachen. Wie schafft denn das ein Kind?

Neugier und Wissensdurst sind grosse Antriebe für das Lernen. Ohne Neugier gäbe es keine Wissenschaft und keine Forschung, z.B. wäre die Weltraumtechnologie noch nicht so weit entwickelt. Warum geht diese Neugier, diese ursprüngliche Freude am Lernen bei vielen im Laufe der Schulzeit verloren? Welche Jugendlichen lernen noch, weil sie ein Fach interessiert, weil sie Freude am Stoff haben?

### Früher hatten wir einen super Lehrer

„Pierre: *In der Primarschule habe ich es immer noch witzig gefunden. Wir hatten einen super Lehrer, der uns motiviert hat. Vielleicht nicht allzu streng; er hat uns die Sachen spielerisch beigebracht. Wir mussten nicht viele Aufgaben machen, und nach dem Übertritt ins Gymnasium kam dann der Schock. Und jetzt ist nicht mehr viel übrig von der Lernfreude.*"

Gesprächsleiter: *Was ist denn eigentlich der Absteller?*

## Zehn Fächer sind zu viel aufs Mal

Anita: *Weil es einfach zu viel ist; mir ist es einfach zu viel. Mich nimmt es nicht mehr wunder, weil einfach alles zu schnell geht. In kürzester Zeit muss dieser und jener Stoff in der Birne sein. Egal, ob es einen interessiert oder nicht. Ja, es gibt viele Sachen, die mich interessieren, die ich gerne mache. Aber es sind zehn Fächer. Es ist einfach zu viel aufs Mal.*

Brigitte: *In meiner Schule ist es so, dass jedes Jahr irgend ein neues Fach dazukommt oder ein altes wegfällt. So konnte ich mich jetzt zwei Jahre auf ein bestimmtes Fach freuen, das ich jetzt nach den Ferien habe.*

## Mir ist es in meiner Klasse nicht wohl

Oliver: *Ich hätte noch einen Absteller. Und zwar ist es mir in meiner Klasse überhaupt nicht wohl. Jetzt gehe ich in die Schule eigentlich nur noch, um zu lernen. Und früher bist du in die Schule gegangen und hast dich noch gefreut über die Kameraden. Du konntest noch etwas mit ihnen reden. Vor allem, wie sich meine Klassenkameraden in der Stunde benehmen, ist eine Katastrophe. Und das ertrage ich nicht. Ich bin für sie einfach der Schleimer und der Heuchler. Ich möchte etwas lernen, und die machen einfach den Lehrer fertig. Ich bin zwar nicht ausgeschlossen, ich komme mit jedem gut aus, und trotzdem gefällt es mir in meiner Klasse nicht.*

## Schöne Augen machen

Anita: *Meine Klasse ist wahrscheinlich die brävste Klasse im ganzen Gymnasium. Ich bin halt einfach etwas lockerer; ich komme auch schon mal zwei Minuten später hinein nach dem Läuten, und sie hocken alle schon da; und das demotiviert mich eigentlich auch. Es gibt einfach so Schleimereien; ich merke, die wollen nur durch das Schleimen und das Auswendiglernen weiterkommen, und das geht mir gegen den Strich. Wenn nicht mehr das zählt, was man gerne macht, sondern einfach nur noch die schönen Augen und Schleim, Schleim…*

Oliver: *Mit Schleim hat das bei mir überhaupt nichts zu tun. Ich mache einfach mit, so wie in der alten Klasse.*

Anita: *Ich mache ja auch mit, ich bin nicht eine, die einfach ausflippt. Ich passe auch auf und so. Du würdest mir sicher auch recht geben, wenn Du meine Klasse siehst. Das sind einfach Schleimer.*

Oliver: *Was mich auch noch demotiviert, sind die Lehrer. Die lassen sich alles gefallen. Z.B. haben wir Französisch in der ersten Stunde, da kommen sieben Stück zu spät. Und wir sind 14 in der Klasse. Schon mal das! Und einer, der pennt einfach in der Stunde. Und der Lehrer: «Was machst Du? – Ach, schnarchen, ah ja.» Und er lässt ihn einfach schlafen.*

Pierre: *Das ist doch sein Problem!*

Oliver: *Ja, das ist sein Problem, aber mich stört das einfach. Wenn er schlafen will, braucht er nicht in die Schule zu kommen. Das stört mich einfach. Bei uns kannst du 50 Absenzen haben und es passiert nichts.*

### Der Lehrer kann das Langweiligste spannend bieten

Brigitte: *Es kommt auch darauf an, wie der Lehrer den Stoff präsentiert. Er kann das Langweiligste spannend darbieten. Und dann findet man es toll.*

Pierre: *Es kommt auch drauf an, ob der Lehrer irgendwie autoritär ist. Meine Lehrer sind so gegensätzlich: Da gibt es einen, der versucht es mit Unterdrücken, Tyrannisieren, Herumschreien und Drohen: «Wenn ihr jetzt nicht Ruhe gebt, mache ich in der nächsten Stunde eine Schriftliche.» Und das hat er jetzt ein halbes Jahr durchgezogen. Und wir haben viele Lehrer, die gegen die Klasse selber sind. Dann haben wir aber einen Klassenlehrer, der uns nie anschreit, der uns nie herausschiesst, sondern durch irgendwie Gesten zeigt: «Kommt, jetzt ist Ruhe», aber alles irgendwie so väterlich. Und dann klappt es.*

## *Lernen braucht Treibstoff*

• Der Motor treibt ein Auto an, geht der Treibstoff aus, muss es abgeschleppt werden. Übertragen wir dieses Bild auf das Lernen! Auch das Lernen bedarf des Treibstoffs, um vorwärts zu kommen: dies sind die Freude, das Interesse, die Neugier am Lernstoff (in der Fachsprache nennt man dies die primäre Motivation).

- Versiegt dieser Lerntreibstoff, braucht es ein Abschleppseil, damit weitergelernt wird: also z.B. die Belohnung mit Noten und Geldprämien, Druck und Strafe, die Aussicht auf ein erfolgreiches Leben in Wohlstand und Ansehen (all dies nennt man sekundäre Motivation).

- Beispiele für das Lernen aus innerem Antrieb: Du hast eine Freundin in Frankreich und möchtest möglichst bald Französisch lernen, um Dich mit ihr unterhalten zu können. Primär motiviert wärst Du auch, wenn Du einfach Freude an dieser Sprache hast und sie deshalb gerne erlernst.

- Wenn Du mit dem Abschleppseil lernst (sekundäre Motivation), dann büffelst Du Französisch nicht etwa, weil Dir die Sprache gefällt, vielmehr möchtest Du durch gute Leistungen in diesem Fach Anerkennung erhalten, sei dies durch gute Noten, aber auch durch Lob des Lehrers, der Mitschüler oder der Eltern.

- Zugegeben, Schul- oder Studienabschlüsse wie Matura, Diplome sind wichtig, aber wenn Du nur lernst, um den Abschluss in der Tasche zu haben, ohne inneres Interesse am Lernstoff, dann ist dies doch kein Lernen aus innerem Antrieb, sondern ein Lernen im Abschlepptau.

- Sekundär motiviert bist Du auch, wenn Du mit dem erfolgreichen Lernen nur einen bestimmten Beruf anstrebst, der Dir zu Ansehen und Geld verhilft.

- Geld wird bekanntlich auch als Ansporn zum Lernen eingesetzt, z.B. wenn Dir Dein Vater für jede gute Note einen bestimmten Geldbetrag verspricht. Dies trifft auch auf den Berufsalltag zu. Wahrscheinlich arbeitet ein grosser Teil der Menschen nicht, weil ihnen die Arbeit Freude und Befriedigung verschafft (primäre Motivation), sondern um des lieben Geldes willen (sekundäre Motivation).

- Wenn Du das Glück hast, primär motiviert zu lernen, also durch Freude am Fach, Interesse am Stoff, wirst Du bedeutend leichter lernen als jene, die nur unter Notendruck lernen oder weil sie sich in ein paar Jahren ein bequemes Leben erhoffen.

• Am günstigsten für das Lernen wäre natürlich eine gute Kombination von inneren und äusseren Antriebskräften. Ein Beispiel: Du hast das Ziel vor Augen, Dolmetscherin zu werden. Ausserdem macht Dir das Erlernen von Sprachen Freude. Die guten Noten und die Anerkennung durch Lehrer und Eltern stellen Dich auf. All diese starken Motivationen helfen Dir auch Durststrecken zu überwinden, Dich anzustrengen und zu lernen, auch wenn es Dir gelegentlich nicht besonders Spass macht.

## 3. Damit Lernen mehr Spass macht

### *Richtig lernen, aber wie?*

Viel Schul- und Prüfungsstress kannst Du Dir ersparen, wenn Du richtig lernst. Es würde den Rahmen dieses Buches sprengen, Einzelheiten über Arbeits- und Lerntechniken auszuführen. Wenn Dir die folgenden Tips nicht genügen, suche Dir ein Buch im Literaturverzeichnis, hole es in einer Bibliothek oder kaufe es. Frage aber auch Deine Lehrerinnen und Lehrer, ob sie Euch nicht Tips zum Lernen in den verschiedenen Fachgebieten geben können. Erkundige Dich nach Kursen über Lerntechnik. Vielleicht wird sogar in Deiner Schule ein entsprechender Kurs angeboten.

### *Du lernst besser, wenn Du Dir Ziele steckst*

Wir haben schon darüber gesprochen, dass Du besser lernst, wenn Du ein Ziel vor Augen hast. Finde also so bald als möglich heraus, welchen Beruf Du erlernen möchtest.

• Gehe zur Berufsinformation oder zum Berufsberater. Informiere Dich im Bekanntenkreis über die verschiedensten Berufe.

• Bist Du in der richtigen Schule, die Deinen Begabungen und Neigungen entspricht? Ist es die Schule, die Dich auf Deinen «Traumberuf» vorbereitet?

• Versuche, wenn immer möglich, eine Verbindung zu finden zwischen dem Lernen in der Schule und dem späteren Beruf.

• Setze Dir auch nähere Ziele, z.B. einen bestimmten Notendurchschnitt, oder dass Du vom Provisorium wegkommst, dass das Zeugnis zum Aufstieg in die nächste Klasse reicht. Denke möglichst oft an den Gewinn, den Du hast, wenn Du dieses Ziel erreichst.

## *Du lernst besser, wenn Dich der Lernstoff interessiert*

• Warte nicht darauf, bis Dich Eltern oder Lehrerschaft zum Lernen motivieren (Lernen im Abschlepptau), sondern motiviere Dich selbst! Bemühe Dich darum, auch dem langweiligsten Schulfach etwas Positives abzugewinnen.

• Schiebe nicht immer den Lehrern die Verantwortung zu, wenn ein Fachgebiet langweilig oder trocken ist. Lehrer und Lehrerinnen sind schliesslich keine Show-Master. Versuche lieber, Dein Interesse an einem Fach selber zu wecken. Hole Dir in der Bibliothek Bücher über das Fachgebiet, schaue Dir einen entsprechenden Film an. Oder besorge Dir ein anderes Schulbuch als ihr in der Klasse verwendet.

• Beklage Dich nicht über den mühsamen Geschichtsunterricht, sondern suche ein Buch, das den Stoff spannend, vielleicht in Romanform, behandelt. In der Gemeinde- oder Stadtbibliothek wird man Dir sicher bei der Suche helfen.

• Räume auf mit Vorurteilen, wie z.B. «Ich finde Englisch lässig, aber Französisch kann ich nicht ausstehen.» Anstatt Dir Dein Leben lang einzureden, Du fändest Französisch keine schöne Sprache, mache lieber eine Reise nach Frankreich oder in die französischsprachige Schweiz, suche eine Briefpartnerin oder einen Briefpartner.

• Sobald Du einmal eine gewisse Hemmschwelle überwunden hast, kannst Du an jedem Lernstoff Freude bekommen. Wenn dann erste Fortschritte sichtbar werden, sich die Noten verbessern, wird Dein Lerneifer (Motivation) noch mehr angekurbelt.

## *Du lernst besser, wenn Du Dich selbst belohnst*

• Warum wartest Du immer darauf, Lob und Anerkennung von Eltern, Lehrern und Kameraden zu bekommen? Belohne Dich selbst!

• Wenn Du eine Arbeit gut gemacht hast, gestatte Dir eine kurze Pause, iss oder trink etwas. Hör ein kurzes (!) Musikstück an.

• «Wenn ich mindestens $^2/_3$ der Französisch-Wörter beherrsche, erlaube ich mir ein Stück Schokolade (einen Apfel, zehn Minuten Lieblingsmusik).»

• «Ich arbeite jetzt drei Stunden konzentriert, dann gestatte ich mir, heute Abend ins Kino zu gehen.»

**Motivation und Spass am Lernen**
Die Motivation ist der Treibstoff zum Lernen. Beklage Dich nicht darüber, dass Du nicht motiviert bist, und warte nicht darauf, dass Dich Eltern oder Lehrer motivieren, sondern motiviere Dich selbst:
– Stecke Dir Ziele.
– Versuche, Dich auch an Deinem Problemfach zu interessieren.
– Belohne Dich selbst für Deinen Lerneinsatz.

## 4. Die Zeit besser einteilen!

### *Ist Planen so schwer?*

In Büchern über Lernmethoden wird immer wieder empfohlen, man solle beim Lernen die Zeit einteilen, es sei wichtig, regelmässig einen Zeitplan aufzustellen. Aber wenn ich mich so herumhöre, kenne ich mehr Menschen, die alles bis zum letzten Moment hinausschieben und dann unter Druck arbeiten. Ist denn die Idee vom Zeitplan irgend

*Zu welcher Tageszeit lernst Du am besten?*

eine Theorie, die sich jemand ausgedacht hat, um Schülerinnen und Schülern ein schlechtes Gewissen zu vermitteln? Wenn ich mit Jugendlichen arbeite, die Lernprobleme haben, zeigt sich immer wieder, dass es für sie extrem schwierig ist, eine Zeitplanung vorzunehmen. Dies ist auch oft die Ursache für den «hausgemachten» Stress.

### Ich schiebe die Aufgaben vor mir her

Oliver: *Ich mache mir eigentlich den Stress selber. Indem ich die Aufgaben immer aufschiebe: «Die Schriftliche ist ja erst am Donnerstag», und am Schluss muss ich es doch noch machen und bekomme eine schlechte Note, und komme so in Stress.*

Pierre: *Bei mir ist es ähnlich: Ich nehme mir vor, das machst du heute, dann kommt es immer anders, dann verschiebe ich es sowieso zwei Tage, dann mache ich es entweder oder ich verschiebe es nochmals: «Dann lerne ich halt am Morgen geschwind, dann steh ich halt morgens um fünf auf.» Und wenn das so weiter geht, bekommst du schlechte Noten, dann fängt der Kreislauf wieder an.*

Verschiebe nie auf morgen, was Du auch übermorgen erledigen kannst!*

Andreas: *Aber so gesehen, hast Du eigentlich keinen Stress! Du lernst ja gar nichts!*

Pierre: *Ja, ich lerne schon zum Teil, ich habe es extrem gesagt. Aber wenn du schlechte Noten hast, stresst es dich auch.*

* Häufiger hast Du vielleicht die «richtige» Version dieses Spruches gehört: «Verschiebe nie auf morgen, was Du heute kannst besorgen!»

Andreas: *Aber wenn Du im letzten Moment lernst, kannst Du auch nicht so gut lernen.*

**Ich lerne besser unter Zeitdruck**

Brigitte: *Oder erst recht? Wenn ich Zeitdruck habe, kann ich besser lernen als wenn ich ganz viel Zeit habe. Ich habe es lieber, wenn ich meine Freizeitaktivitäten habe und dann nur eine bestimmte Zeit zum Lernen. Dann lerne ich auch. Denn sonst lerne ich gar nichts.*

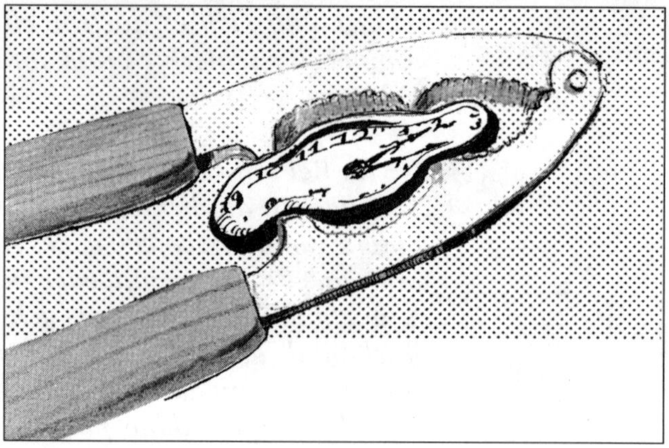

*Wenn die Zeit knapp wird*

**Mein Vater hilft mir bei der Zeitplanung**

Andreas: *Mein Vater hilft mir bei der Zeitplanung. Er sagt mir: «Du musst einen Zettel machen, dann erledige eins nach dem anderen!» Wenn ich mich an diesen Plan halte, geht es ganz gut. Jeden Tag eine halbe Stunde dies oder jenes tun. Für mich ist es aber wirklich schwer, mich genau an diesen Plan zu halten. Die Disziplin fehlt mir einfach. Aber ich glaube, wenn du disziplinierter bist und einen guten Plan gemacht hast, dann müsste das schon klappen.*

Pierre: *Ich bin dagegen. Ich hasse es einfach, wenn man mir Sachen vorschreibt, oder wenn ich mir selber vorschreibe, was ich zu lernen habe.*

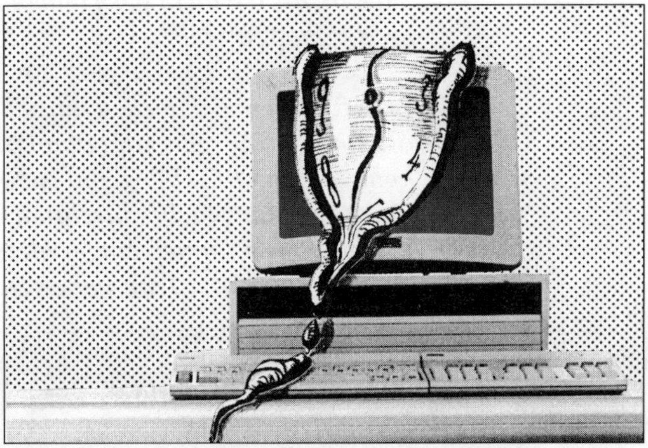

*Wenn die Zeit davonläuft*

Andreas: *Aber wenn man einen Plan macht, hilft das einem, überhaupt etwas zu tun. Wenn ich z.B. nicht plane, dann schiebe ich alles immer weiter hinaus: Ich habe ja noch Zeit! Und dann habe ich keine Zeit mehr. Es geht viel besser, wenn ich immer ein bisschen etwas mache.*

Oliver: *Ich plane vielleicht nicht so detailliert mit so Zettelchen, aber ich überlege mir: Was mache ich jetzt als nächsten Schritt?*

Brigitte: *In den Ferien nehme ich mir immer viel zu viel vor. So schiebe ich ¾ Jahre eine Semesterarbeit vor mich hin, die ich nach den Sommerferien abgeben muss. Ich kann mir noch so viel aufschreiben, ich fange einfach nicht vorher an.*

## Ich schreibe mir auf, was ich machen muss

Anita: *Ich schreibe mir immer anfangs Woche auf, was ich machen will, was ich einfach machen muss. Sonst komme ich mit der Zeit nie zurecht. Die Sachen, die ich nicht gern mache, sind immer an der letzten Stelle.*

Brigitte: *Wenn ich lernen muss, verschiebe ich dies oft auf den Morgen, und dann habe ich überhaupt keine Zeit mehr. Am Abend zuvor hätte ich immerhin noch die Nacht durchmachen können, aber ich habe mir immer eingeredet: «Nein, jetzt bist du zu müde, ich stehe lieber zwei Stunden früher auf.»*

Oliver: *Das bringt doch eh nichts, um fünf Uhr aufzustehen!*

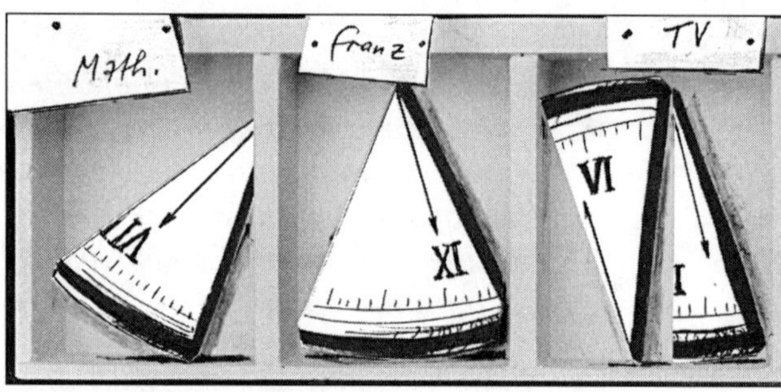


*Wenn die Zeit eingeteilt wird*

## Vielleicht sollte ich die Zeitplanung ausprobieren

Pierre: *Vielleicht sollte ich das mit der Zeitplanung einmal selber probieren. Aber ich bin einfach chaotisch.*

Gesprächsleiter: *Oder anders ausgedrückt: kreativ!*

Pierre: *Ich finde es selber nicht lustig; wenn ich z.B. am Nachmittag etwas lernen soll und dabei immer denke: «Ja, ich kann das noch am Abend machen, ich könnte noch etwas schlafen.» Wenn ich dann um sechs Uhr aufwache, bin ich todmüde. Und wieder einmal habe ich überhaupt nichts gelernt.*

Andreas: *Ich finde, mein Plan bringt mir Vorteile. Ich weiss z.B. am nächsten Mittwoch habe ich eine Prüfung. Dann schreibe ich mir auf, was ich pro Tag lernen will. Und das mache ich dann auch meistens.*

## *Mit der Zeiteinteilung geht alles leichter!*

Macht es Dir auch Mühe, die Zeit gut einzuteilen? Fällt es Dir schwer, eine Zeitplanung für Hausaufgaben und Prüfungsvorbereitung aufzustellen? Dann können Dir folgende Tips weiterhelfen:

- Schreibe Dir auf einen Zettel oder in Deinem Kalender alles auf, was Du heute, morgen oder später erledigen solltest.

- Von Vorteil wäre es, einen Plan für eine ganze Woche aufzustellen.

- Wichtig ist, dass sich vor einer Prüfung der Lernstoff «gesetzt» hat. So ist er am besten gespeichert und Du kannst ihn gut abrufen. Beginne deshalb vor allem bei einer grösseren Prüfung (Diplom, Abschlussprüfung, Maturität) möglichst früh, damit Dir auch Zeit zu Wiederholungen bleibt.

- Es hilft wenig, kurz vor einer Prüfung noch Stoff in Deinen Kopf zu trichtern. Denn damit löschst Du einen Teil des früher Gelernten. Zudem machst Du Dich selber nervös.

• Vokabeln einer Fremdsprache darfst Du nicht schon eine Stunde nach der Prüfung vergessen haben. Wenn Du also möchtest, dass das Gelernte die Prüfung überdauert, beginne frühzeitig und wiederhole regelmässig. Folgender Rhythmus hat sich bewährt: Wiederhole am folgenden Tag, dann nach einer Woche, schliesslich nach einem Monat. Ein Stoff, der auf diese Weise gelernt wird, sitzt bestimmt auf lange Zeit. Diese Methode eignet sich vor allem beim Vorbereiten einer grösseren Prüfung (Matura, Abschlussprüfung).

• Setze für jede Lernetappe eine Richtzeit fest, z.B. für eine Sprachübung 15 Minuten, für den Eintrag ins Geographieheft 30 Minuten. Stelle Dir einen Timer (Küchentimer) ein. Wenn Du die Zeit einhalten kannst oder sogar noch vorher fertig bist, wirst Du positiv angespornt.

• Bestimme immer einen Zeitpunkt, bei dem Du mit der Arbeit aufhörst. Ein Open-end-Lernen (Lernen ohne Zeitbegrenzung) lohnt sich nie.

• Erlaube Dir Pausen. Nach etwa 1½ Stunden Lernen ist sicher eine Pause fällig. Begrenze diese Pause aber strikt, denn es besteht die Gefahr, dass Du in der Pause so abgelenkt wirst, dass Du gar nicht mehr mit Arbeiten beginnen möchtest.

• Vor allem, wenn Du Dich auf Prüfungen oder Semesterarbeiten vorbereiten musst, beschränke «Zeitfüller» möglichst auf ein Minimum: Fernsehen, in Zeitungen oder Illustrierten blättern, Kreuzworträtsel lösen, während der Arbeit etwas essen oder trinken, ein «wichtiges Telefon» erledigen, das Zimmer aufräumen oder etwas kaufen gehen. Zugegeben, etwas Lebensfreude musst Du Dir noch erhalten, aber wenn Du Dich während des Lernens mit einem Fernsehfilm «belohnst», wird es Dir sehr schwer fallen, die Arbeit wieder aufzunehmen.

• Wenn Du Mühe hast, mit den Schularbeiten zu beginnen, dann plane für die ersten zehn Minuten etwas ein, was Dir üblicherweise leicht fällt. So gelingt Dir der Einstieg besser. Dann aber fange sofort mit der schwierigsten Aufgabe an, denn jetzt bis Du noch ausgeruht. Leichtere Routinesachen wie Besorgungen erledigen oder Abschreiben kannst Du auf später verschieben, wenn Du schon müde geworden bist.

• Richte Dir einen Arbeitsplatz ein, wo Du gut arbeiten kannst. Alles Material, das Du brauchst, ist in Griffweite: Schreibsachen, Ordner, Papier, Wörterbücher, Duden. Alles, was Dich ablenken könnte, gehört nicht ins Blickfeld: CD-Player, Walkman, Zeitschriften, Comics, Fernseher.

• Vergiss bei der Zeitplanung Deine Freizeit nicht! Dein Körper und Dein Geist erholen sich gut bei einer aktiven Freizeitbeschäftigung, sei es im sportlichen, handwerklichen oder künstlerischen Bereich. Beispiele?
– Jogge oder schwimme regelmässig
– Schreinere Dir ein Möbelstück
– Stricke einen schönen Pullover
– Baue ein Modellflugzeug
– Male Bilder
– Zeichne Karikaturen
– Besuche einen Kurs für Jazz-Dance

• Ist es wichtig, schliesslich auch noch den Erholungswert des «Nichtstuns» zu erwähnen? Falls Du wirklich daran interessiert bist, Deinen Lern- und Prüfungsstress abzubauen, ist es empfehlenswert, das Nichtstun (schlafen, dösen, Musik hören, ziellos ausgehen) zeitlich festzulegen, denn sonst dehnt sich das «Nichts» endlos aus.

**Wer plant, lernt besser**
Viele lernen ineffizient, d.h. sie vergeuden ihre Zeit, weil sie ziel- und planlos lernen. Wenn es Dir gelingt, Deine Lernzeit besser einzuteilen, dann gewinnst Du nicht nur wertvolle Freizeit, sondern Du wirst auch in Prüfungen bessere Resultate erzielen.

## 5. Brauchst Du Druck, um zu lernen?

Gelegentlich höre ich von Schülerinnen und Schülern, sie könnten nicht ohne einen gewissen Druck von aussen lernen. Vom Zeitdruck haben wir schon gesprochen, jetzt geht es um Eltern und Lehrer, die kontrollieren, ermahnen, tadeln, drohen, bestrafen. Was meinen Jugendliche dazu?

Brigitte: *Davon halte ich gar nichts, denn dann wird man zu etwas geprügelt und macht es eigentlich unfreiwillig. Natürlich gibt es auch eine Fremdmotivation, wenn die Mutter mich motiviert, etwas zu lernen. Das kann die eigene Motivation auch aktivieren. Aber Schläge und Gewalt?*

Pierre: *Es gibt Eltern, die sagen: «Wenn Du schlechte Noten hast oder das Zeugnis schlecht ist, dann hörst Du mit dem Sport auf!» Ich finde es nicht gut, wenn ein Hobby verboten wird, dann macht man nur zum Trotz schlechte Noten. Ich habe das Gefühl, dass wenn es bei mir so weit wäre, dann würde ich zu Hause Mega-Ärger machen. Dann zeige ich, dass ich auch etwas zu sagen habe. Es fängt an zu kriseln, und es gibt Krach mit den Eltern, dann denkt man mehr an den Krach und weniger an die Aufgaben oder an die Schule.*

Anita: *Ich habe eigentlich nie Druck von aussen gespürt; den habe ich mir immer selber aufgeladen. Das ist irgendwie auch schlecht gewesen. Ich konnte mich völlig unter Druck setzen: «Das musst du einfach machen.» Aber ich denke, wenn mich jemand unter Druck setzen würde, funktionierte das nie bei mir. Es muss immer von mir aus kommen.*

Pierre: *Wenn ich unter Druck gesetzt werde, mache ich oft gerade das Gegenteil. Ich finde das zwar schlimm, aber manchmal macht es mir gerade Spass, etwas zuleide zu tun. Wenn ich mir das so überlege, ist es traurig.*

Oliver: *Das ist begreiflich.*

## 6. Wenn Eltern zu viel erwarten

Wie erleben Jugendliche die Erwartungen und Forderungen der Eltern? Hier wieder ein Ausschnitt aus einem Kursgespräch:

### Das Kind soll es im Leben weiter bringen

Mike: *Es kann sein, dass es ein Elternteil nicht so weit gebracht hat und er denkt, dass sein Kind es weiter im Leben bringen soll als er. Er sagt den Kindern: «Geht in die Schule, lernt etwas, ihr habt wenigstens die Chance, ihr seid auf dem Gymnasium.»*

### Mein Vater hätte gerne studiert

Andreas: *Ich habe es so empfunden: Der Grossvater sagte: «Wir haben nur sieben Jahre in die Schule gekonnt, und dann mussten wir arbeiten gehen.» Er war Handwerker und hat sein Leben lang geschuftet. Mein Vater meinte, er hätte immer gern studiert, aber als ältester Sohn musste er Geld heimbringen. Daher empfinde ich schon einen gewissen Druck von meinem Vater.*

### Mein Bruder war der Familienstolz

Brigitte: *Das mit den alten Einstellungen kenne ich. Mein Grossvater hätte so gern einen Sohn*

*Weisst Du, was Deine Eltern von Dir erwarten?*

*gehabt, bekam aber nur zwei Mädchen. Als mein Bruder geboren wurde, ist er bei ihm zum Professor geworden, es hiess nämlich: «Du wirst ja einmal Professor.» Mein Bruder kam dann tatsächlich ins Gymnasium und ist hoch gelobt worden: Die Zukunft! Der Familienstolz!* ”

(Brigitte berichtete uns, ihr Bruder sei kurz vor der Abschlussprüfung aus der Schule ausgestiegen.)

Andreas: *Ich bin auch der erste Sohn in der Familie und auch der erste Sohn in der ganzen Verwandtschaft. Als ich geboren wurde, kam die ganze Verwandtschaft vom Land zu uns in die Stadt, und seither hat sie uns nie mehr besucht.*

## Ich will das gleiche werden wie mein Vater

Oliver: *Ich weiss ganz genau, ich darf machen, was ich will, also auch berufsmässig. Ich gehe aber in die gleiche Richtung wie mein Vater. Ich konnte ihn öfters in seinem Geschäft aufsuchen, er gab mir Arbeit, ich konnte Pläne zeichnen – mein Vater ist Ingenieur. Das hat mir immer gefallen, seit ich klein war. Jetzt möchte ich auch Ingenieur werden, sehr wahrscheinlich.*

## Frei, aber mit schlechtem Gewissen?

Brigitte: *Meine Eltern lassen mir alle Freiheit. Sie sagen schon ihre Meinung zu verschiedenen Sachen, von der werde ich auch geprägt.*

Andreas: *Etwa so: «Mache nur, was Du willst, aber ich hätte schon gerne, wenn Du das oder das machst!»*

Brigitte: *Nicht unbedingt so ausgesprochen. Aber du spürst es, wenn sie damit nicht einverstanden sind, denn sie sagen es nicht. Dann hast du ein schlechtes Gewissen und denkst: «Oh, das ist doch nicht so gut!» Und manchmal bist du so in einem Wechselbad drin: «Nein, das will ich doch nicht», oder: «Ja, die haben recht»; und dann wieder: «Nein, die spinnen doch», und dann trotzst du. Ich falle immer so von einem Extrem ins andere.*

### Die Matura ist mein persönlicher Ehrgeiz

„Andreas: *Früher ist es bei mir so gewesen: Da hätte ich unbedingt eine Matur machen müssen, am liebsten eine Wirtschaftsmatur. Dies hätte mein Vater am liebsten gesehen. Dann war ich viel im Geschäft meines Vaters und habe zugeschaut, was die machen. Und jetzt möchte ich schon von mir aus eine Wirtschaftsmatur machen. Aber später will ich niemals auf einem solchen Büro arbeiten und mein Leben lang mit Zahlen zu tun haben. Eigentlich habe ich mir vorgestellt, dass ich Krankenpfleger werde. Ich will helfen, ich will etwas tun, was jemandem dient, und nicht einfach immer den Zahlen nachspringen.*"

„Anita: *Und was machst Du jetzt?*"

„Andreas: *Ich mache eine eidgenössische Wirtschaftsmatur. Das heisst, wenn ich es schaffe.*"

„Anita: *Warum machst Du nicht irgend eine Diplommittelschule oder so, wenn Du Krankenpfleger werden willst?*"

„Andreas: *Das ist halt vielleicht mein persönlicher Ehrgeiz, der dahinter steckt. Ich kann dann immer noch eine Krankenpflegerlehre machen. Aber wenn ich eine Matura habe, dann habe ich die immerhin einmal.*"

## *Wie mit Erwartungen der Eltern umgehen?*

- Weisst Du überhaupt, was Deine Eltern von Dir bezüglich Schule und künftigem Beruf erwarten? Wenn Du es nicht weisst, frage sie doch! Gut wäre es, wenn Ihr einmal in Ruhe darüber sprechen könntet, welche Vorstellungen Ihr Euch von Eurem Leben macht.

- Vielleicht bist Du dann erstaunt darüber, dass Deine Eltern nicht zu jenen gehören, die aus ihren Kindern Einsteins machen wollen. Die allermeisten Eltern möchten, dass ihre Kinder einmal glücklich sind im Leben und den Beruf erlernen, der ihnen entspricht.

- Wenn Eltern Druck auf Dich ausüben, geschieht dies nicht immer aus Ehrgeiz oder weil sie mit ihren Kindern angeben möchten, sondern oft aus der Sorge, dass Du die Chance verpasst, einen «anständigen» Beruf zu erlernen.

- Falls Du findest, die Erwartungen Deiner Eltern entsprechen Dir in keiner Weise, teile ihnen dies mit.

**Wie gehst Du mit den Erwartungen der Eltern und Lehrer um?**

- Wenn Du Dich von Eltern oder Lehrern unter Druck gesetzt fühlst, suche das Gespräch mit ihnen. Viele Erwachsene sind der irrigen Meinung, Kinder und Jugendliche würden nur etwas lernen, wenn man sie mit ständigen Kontrollen, mit öfteren Nachfragen oder gar mit Androhung von Strafen antreibe.

- Tatsächlich gibt es Schülerinnen und Schüler, die ab und zu einen Schubs brauchen, damit sie die Hausaufgaben erledigen oder sich für eine Prüfung vorbereiten. Falls Du Deinen Angehörigen auch dankbar bist, dass sie Dich ins Schlepptau nehmen, passe auf, dass daraus nicht folgendes Spiel entsteht: «Ich tue nichts, weil meine Eltern mich immer unter Druck setzen.» – «Ich setze mein Kind unter Druck, weil es sonst nichts tut.»

- Besprich mit Deinen Eltern, in welchen Fächern Du ihre Unterstützung brauchst. Trefft eine gemeinsame Abmachung, z.B.: «Ich melde mich bei der Mutter, wenn sie mich im Französisch abhören soll.»

## 7. Du möchtest alles besonders gut machen

Was ist Perfektionismus? Perfektionisten möchten alles besonders gut, sogar vollkommen tadellos, also perfekt machen. Dies ist eigentlich eine lobenswerte Eigenschaft und man könnte Dir nur gratulieren, wenn Du Perfektionist bist. Du erfreust mit Deinem Fleiss, Deiner Pünktlichkeit und Zuverlässigkeit Deine Eltern und Lehrer.

Leider sind mit dem Perfektionismus auch einige Unannehmlichkeiten verbunden, einmal für Deine Mitmenschen, aber auch für Dich selbst. Mit Deinem Ordnungssinn und Deiner Pedanterie kannst Du andere tyrannisieren. Jede Tasse, jeder Teller muss am richtigen Ort stehen, das Muster darf ja nicht auf dem Kopf sein! Du machst eine Szene, wenn es jemand wagt, Deine Schreibtischordnung zu stören.

Falls Du Perfektionist sein solltest, plagst Du Dich auch selber. Wenn Du einen Brief schreibst und auf der letzten Zeile einen Fehler machst, zerreisst Du ihn und beginnst neu.

Beim Aufgabenmachen können Perfektionisten kein Ende finden. Immer noch finden sie eine Wissenslücke, die gestopft werden muss. Vor Prüfungen bereiten sie sich ausgesprochen gründlich vor. Sie gönnen sich keine Pausen, lernen nachts, bis ihnen der Kopf brummt. Wenn sie einschlafen, werden sie von Gedanken gepeinigt, dies oder jenes ungenügend gelernt zu haben: «Was passiert, wenn morgen gerade das Kapitel drankommt, das ich nicht mehr lernen konnte?»

Perfektionistische Menschen sind im Grunde genommen entmutigt, sie zweifeln an sich selber. Durch zwanghaftes Arbeiten, durch Ordnung, Sauberkeit und absolute Genauigkeit versuchen sie, ihre Ängste in den Griff zu bekommen.

Wenn Du eine perfektionistische Ader hast, steigerst Du Dich selbst in Prüfungsstress hinein. Denn Du hast nie das Gefühl, den Stoff wirklich zu beherrschen.

Solltest Du Dich in den obigen Schilderungen wiedererkannt haben, gehe folgenden Fragen nach:

- Bin ich besonders ehrgeizig? Ehrgeiz ist an und für sich gesund und gut. Er spornt Dich zu überdurchschnittlichen Leistungen an.

Im Wort Ehrgeiz steckt aber auch das eher negative Wort Geiz (gieriger Wunsch nach etwas, z.B. Reichtum). Wer ehrgeizig ist, will Anerkennung, will im Rampenlicht stehen, möchte die anderen übertrumpfen.

- Rivalisiere ich mit anderen Klassenkollegen? Vergleiche ich mich mit der Klassenbesten?

- Möchte ich «besser» als mein Bruder, meine Schwester sein? Stehe ich vielleicht im Schatten eines erfolgreichen Geschwisters?

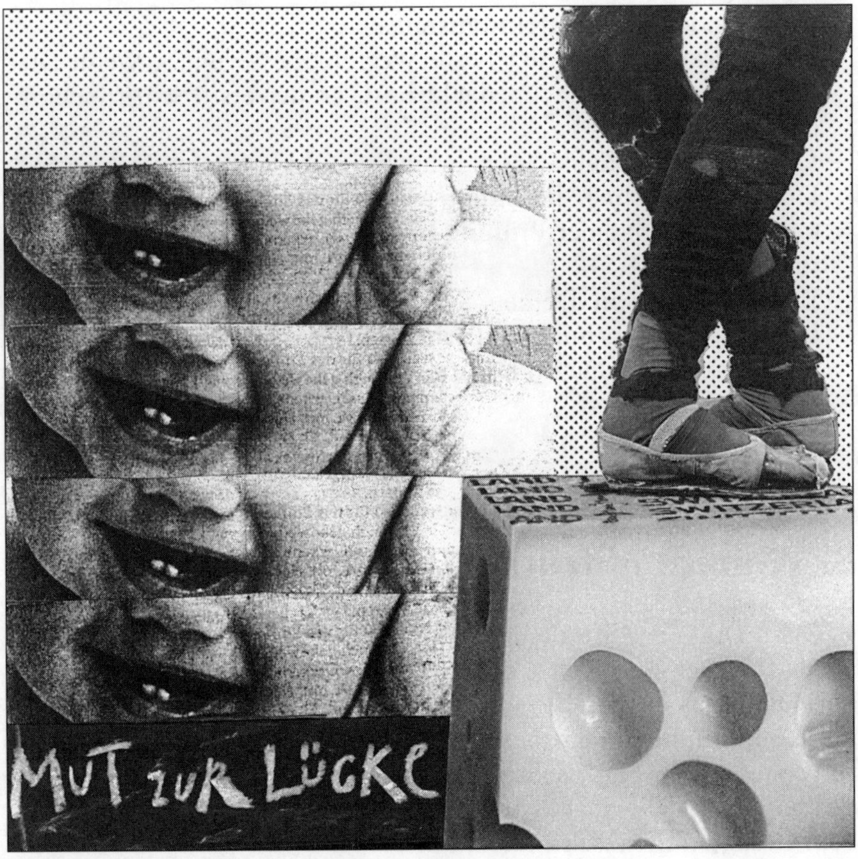

• Will ich es meinen Eltern besonders recht machen? Ist mir ganz wichtig, ihnen zu gefallen, ihre Erwartungen zu erfüllen? Wage ich nicht, ihnen mitzuteilen, wenn ich mich überfordert fühle? Bin ich der Auffassung, meine Eltern mögen mich nur, wenn ich eine gute Schülerin, ein erfolgreicher Schüler bin?

• Habe ich mir nicht zu hohe Ziele gesetzt? Ziele, die so hoch gesteckt sind, dass ich sie niemals erreichen kann? Wenn Du ein Picasso sein willst, wird Dir nie eine eigene Zeichnung gefallen, Du radierst so lange, bis alles verschmiert ist, oder stellst entmutigt fest: «Dann höre ich lieber mit Zeichnen und Malen auf!»

**Heilmethode gegen Perfektionismus?**

- «Selbsterkenntnis ist der beste Weg zur Besserung.» Wenn Du über diese Fragen nachgedacht hast, ist der erste Schritt schon getan.
- Habe «Mut zur Lücke», Du brauchst nicht vollkommen zu sein. Du darfst, wie auch die andern Menschen, Fehler machen. Selbst ein Versagen in einer Prüfung bedeutet noch nicht den Weltuntergang.
- Befreie Dich von Deinen Selbstzweifeln und dem negativen Denken, das stets mit dem Perfektionismus verbunden ist (mehr darüber erfährst Du im Kapitel «Mentales Training», Seite 99).

## 8. Weitere nützliche Tips fürs Lernen

• Wenn Du in der Schule besser aufpasst, dann musst Du zu Hause weniger lernen. Versuche, aufmerksam und interessiert zuzuhören (das hat nichts mit Streben oder «Schleimen» zu tun). Schreibe nicht mechanisch mit, sondern versuche, immer sofort zu begreifen oder zu verstehen. Frage ohne Scheu nach, wenn Du etwas nicht verstanden hast. Versuche auch, vorauszudenken und die Hauptpunkte aus dem Gesagten herauszufinden.

• Finde während den Stunden mögliche Prüfungsfragen heraus: Welches sind die besonderen Anliegen und Interessen der Lehrerin oder des Lehrers? Wer gut hinhört, wird dies bald einmal herausfinden.

• Wenn Du Dich auf die Matura oder ein Diplom vorbereitest, erkundige Dich bei älteren Schülern nach ehemaligen Prüfungen. Selbst die fleissigsten Lehrer greifen bei der Ausarbeitung von Prüfungen immer wieder auf das Bewährte zurück. Löse diese Aufgaben allein oder mit andern. So kannst Du Dich am besten auf die Prüfung vorbereiten.

• Lerne in einer kleinen Gruppe. Probiere aus, ob Du besser zu zweit oder zu dritt lernst. Wenn die Gruppe grösser ist, wird es schwierig. In einer Lerngruppe könnt Ihr Euch gut ergänzen, auch wenn Ihr unterschiedlich schnell lernt. Natürlich ist es wichtig, dass Ihr Euch ernsthaft dahintersetzt und nicht nur einen gemütlichen Nachmittag verbringt.

• Wenn Du Deine Lernmethoden noch mehr verbessern willst, empfehle ich Dir, ein entsprechendes Buch zu besorgen (Literaturverzeichnis im Anhang).

**Zusammenfassung Kapitel 2: Stress beim Lernen**

Es stimmt: Schulstress entsteht, weil in unserer Leistungs- und Wettbewerbsgesellschaft vielen Kindern und Jugendlichen beim Rennen um höhere Bildung der Atem ausgeht.

Es stimmt: Schulstress entsteht durch unser Schulsystem, durch Notendruck, durch Lehrer und Lehrerinnen, die ihre Klassen mit Prüfungen überhäufen.

Es stimmt: Schulstress wird durch Eltern verstärkt, die stolz auf ihre Kinder sein wollen und sie dabei überfordern.

Es stimmt aber auch: Einen grossen Teil des Schulstresses machst Du Dir selbst:
– weil Du die Zeit nicht richtig einteilst,
– weil Du keine oder falsche Lernmethoden anwendest,
– weil Du darauf wartest, bis Dich andere motivieren.

# PRÜFUNGSSTRESS

## 1. Wenn es in der Prüfung schief läuft

Vielleicht erkennst Du Dich in der folgenden Beschreibung wieder:

• Am Morgen einer wichtigen Prüfung stehst Du schlecht auf. Du bist zu spät eingeschlafen oder viel zu früh aufgewacht, weil der Gedanke an die bevorstehende Prüfung Dich unruhig und nervös machte. Du fühlst Dich körperlich mies, leidest vielleicht unter Kopfschmerzen oder Magen-Darm-Beschwerden oder hast keinen Appetit.

• Es gelingt Dir nicht, die unguten Gefühle auf dem Schulweg zu vertreiben. Wenn Du dann «netten» Klassenkameraden begegnest, die nichts anderes wissen, als im letzten Augenblick Formeln oder Daten auszutauschen, erreicht Deine Katastrophenstimmung einen Höhepunkt.

• Wenn nun die Prüfungsaufgaben ausgeteilt oder angeschrieben werden, bist Du in einer ähnlichen Gefühlslage wie ein zum Tode Verurteilter auf dem Weg zum Schafott. Dein Herz beginnt wie wild zu klopfen, Du atmest schnell und flach, Dein Kopf wird schwindlig, Du zitterst oder gerätst ins Schwitzen.

• Dein Denken ist wie abgeschnitten. Alles, was Du gelernt hast, ist wie weggeblasen. In der Panik verstehst Du die Aufgaben nicht und machst unerklärliche Flüchtigkeitsfehler.

• Nach der Prüfung steht eindeutig fest: Dies war wieder einmal ein Absturz! Deine Selbstzweifel nagen weiter, Du kommst Dir als ein totaler Versager vor. Kein Wunder, wenn Dir jegliche Lust vergangen ist, Dich am gleichen Nachmittag für eine nächste Prüfung vorzubereiten...

## Medikamente gegen Prüfungsangst?

Es kann uns nicht erstaunen, wenn manche Schülerinnen und Schüler zu Beruhigungstabletten greifen oder versuchen, mit Alkohol oder Haschisch-Konsum ihre Nerven zu beruhigen. Dass dies untaugliche Mittel sind, sich von Ängsten und Selbstzweifeln zu befreien, braucht nicht speziell betont zu werden. Oder doch? Untersuchungen haben ergeben, dass viele Gymnasiasten und Studenten (vor allem Medizinstudenten!) ihre Prüfungsangst mit Medikamenten zu bekämpfen versuchen. Abends werden Schlaftabletten geschluckt, morgens Aufpeitschtabletten, um die bleierne Müdigkeit zu vertreiben, dann wieder Beruhigungsmedikamente kurz vor der Prüfung. Viele Ärzte sind auch nicht zimperlich, einem blassen und zitternden Schüler Beta-Blocker* zu verschreiben. In ihrer Verzweiflung räumen Schülerinnen und Schüler den elterlichen Apothekerschrank aus, um nach irgendwelchen Pillen gegen Angst und Nervosität zu greifen, nicht selten werden sie dabei von ihren selber gestressten Eltern unterstützt...

## Wie Jugendliche Prüfungsangst erleben

„ Brigitte: *Letztes Jahr kam ich kurz vor dem Zeugnis in eine rechte Panik hinein. Wenn ich in der nächsten Französisch-Prüfung nicht eine 4 erreiche, müsste ich eine Klasse wiederholen. In*

* β-Rezeptorenblocker wirken u.a. blutdrucksenkend, aber auch angstlösend. Bedenklich ist, dass sie oft Schauspielern bei Lampenfieber verordnet werden!

*meiner Verzweiflung schluckte ich am Morgen vor der Prüfung zwei bis drei Beruhigungspillen, die meine Mutter als harmlos erklärte. Bald ging es mir besser; in einer fröhlich-lässigen Stimmung begann ich die Französisch-Schriftliche. Alles ging leicht und locker, im Grunde genommen war mir alles egal. Ich stresste mich überhaupt nicht und gab die Arbeit noch vor der Zeit ab. Das war meine schönste Prüfung, die ich je erlebte. Doch später gab es ein böses Erwachen: Infolge meiner Schludrigkeit hatte ich viele Flüchtigkeitsfehler gemacht und auch ganze Sätze übersehen. Als mich meine Lehrerin darauf ansprach, gestand ich ihr alles. Sie hatte Verständnis für mich und rundete meine Zeugnisnote auf.* ”

“ Pierre: *Vielleicht schlucke ich trotzdem einmal Medikamente, nur um einmal zu erleben, dass eine Prüfung ein Vergnügen sein kann. Denn für mich sind die regelmässig kommenden Denkblockaden ein richtiger Stress. Ausserdem schäme ich mich vor meinen Mitschülerinnen und -schülern, aber auch vor dem Lehrer, denn dann werde ich abwechselnd rot oder blass im Gesicht.* ”

“ Anita: *Ich habe gehört, dass selbst grosse Schauspieler bei jedem neuen Auftritt ein riesiges Lampenfieber haben. Vielleicht bin ich eine grosse Künstlerin, denn vor jeder schriftlichen Prüfung, aber auch vor jedem Vortrag, bin ich innerlich wie ein Bogen gespannt.* ”

“ Oliver: *Bei mir ist es genau umgekehrt. Vor einem Referat bin ich ganz ruhig und entspannt. Sobald ich gut angefangen habe, gerate ich ins Stottern, verheddere mich oder vergesse überhaupt, was ich sagen wollte.* ”

## 2. Woher kommt die Angst?

Wie wir schon gehört haben, hat die Prüfungsangst einen grossen Anteil am Schulstress. Was ist überhaupt Angst, wie entsteht sie? Wahrscheinlich hast Du auch schon einmal ein Angsterlebnis gehabt. Lassen wir Jugendliche berichten, wie sie Angst erlebten:

Patrick: *Ich war einmal in den Bergen auf Fotopirsch. Ich war eben daran, ein junges Schaf auf meinen Film zu bannen, das sich etwas abseits von der Herde aufhielt. Immer, wenn ich mich ihm etwas näherte, zog es sich ein paar Schritte zurück. Schliesslich begann es, einen steilen, felsigen Abhang hinaufzuklettern. Ich folgte ihm und knipste drauflos und bemerkte, dass es plötzlich stillhielt. Es stand auf einem schmalen Felsband, das direkt vor dem Abgrund aufhörte. Mir wurde plötzlich klar, dass das junge Schaf sich niemals selber aus dieser misslichen Lage befreien konnte. So entschloss ich mich, es herauszuholen. Ich spürte ein unheimliches Herzklopfen, doch ich wusste, ich musste das Schaf retten. Ich stieg vorsichtig hinauf und nahm das ganz ruhig dastehende Schaf auf meine Schultern und trug es mit zitternden Knien hinab. Ich war froh, es geschafft zu haben, doch fühlte ich mich nachher schwach und elend. Eine solche Angst habe ich noch nie in meinem Leben ausgestanden.*

Brigitte: *Ich wollte einmal eine grosse Durchgangsstrasse überqueren. Ich war wohl etwas verträumt und in Gedanken woanders, denn ich hatte ein rasch fahrendes Auto nicht beachtet. Um ihm auszuweichen, rannte ich vorwärts. Da kam direkt von der anderen Seite auch ein Auto ange-*

*braust. Starr vor Schreck stand ich da. Ich habe gedacht, mein letztes Stündlein sei gekommen.*

Dominik: *Da fällt mir auch ein Angsterlebnis ein, das ich als etwa 12jähriger Bub erlebt habe. Zusammen mit zwei Freunden wollten wir einmal eine Nacht im Wald verbringen. Nachdem unser Lagerfeuer verglüht war, schlüpften wir ins Zelt. Ich merkte, dass meine Kameraden sofort einschliefen. Doch dies wollte mir einfach nicht gelingen. Plötzlich höre ich von fern ein Motorengeräusch und merke mit Schrecken, dass ein Auto auf dem einsamen Waldweg unserem Lagerplatz entgegen kommt. Im Scheinwerferlicht wird das Zelt hell erleuchtet. Der Wagen fährt langsam weiter, dann stellt der Motor ab, das Licht erlischt, und es wird einen Moment ruhig. Voller Panik wecke ich meine Kameraden. Da springt der Motor wieder an. Ich sehe, dass die Rückwärtslichter eingeschaltet werden, und der Wagen rollt wieder an unserem Lagerplatz vorbei und bleibt nochmals stehen. Da gerate ich in eine solche Angst, dass ich aufstehe und zu schreien beginne. Ich will nur eines: auf und davon! Die Kameraden halten mich krampfhaft zurück. Ja, das war ein ganz schlimmes Erlebnis; mir wird jetzt noch flau, wenn ich daran denke.*

Andreas: *Du hast den Schluss gar nicht erzählt! Wie ist es dann weitergegangen?*

Dominik: *Es ist gut abgelaufen. Das Auto hat sich schliesslich entfernt. Aber wir waren so aufgeregt und durcheinander, dass wir fast die ganze Nacht nicht schlafen konnten.*

## 3. Die Angst des Höhlenbewohners

Diese eben geschilderten Angsterlebnisse scheinen wenig mit der Prüfungsangst zu tun zu haben, denn jedesmal ging es um Leben und Tod, und dies kann man ja von einer Latein- oder Mathematikprobe nicht sagen!
Oder doch? Dieser Frage wollen wir auf den Grund gehen.

Angst ist ein Gefühl, das schon seit Urzeiten der Menschheit existiert. Versuchen wir einmal, uns in die Situation eines Höhlenbewohners hineinzuversetzen.

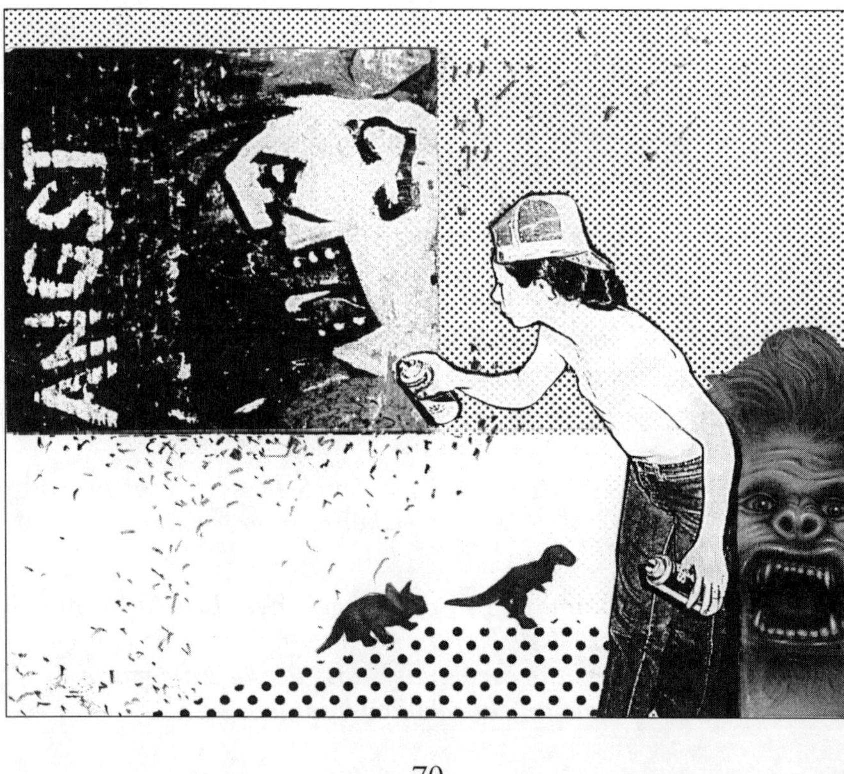

*Auf einem seiner Streifzüge entdeckt ein Eiszeitmensch einen Höhleneingang, den er bisher übersehen hat. Er dringt in die Höhle ein. Als sich seine Augen an die Dunkelheit gewöhnt haben, erblickt er im Hintergrund der Höhle einen grossen Bären, der sich zum Schlafen zurückgezogen hat. Durch den Lärm aufgeschreckt, erhebt sich das riesige Tier mit fletschenden Zähnen und drohenden Gebärden…*

Was geht nun wohl in diesem Urmenschen vor? Was wird er tun? In diesem Falle ist es wohl das beste, die Höhle schleunigst und fluchtartig zu verlassen. Zwei weitere Reaktionen sind noch denkbar: die eine, dass der Eiszeit-Jäger vor Schreck erstarrt und einfach stehen bleibt in einer Art «Totstell-Reflex» wie eine kleine Maus, wenn sich ihr eine Schlange nähert. Die letzte und kühnste Möglichkeit ist der Angriff: Er könnte auf den Bären mit Speer und Keule losgehen, um ihn zu vertreiben oder gar zu erlegen.

## Angst versetzt den Körper in Alarmbereitschaft

Versuchen wir nun, diese dramatische Szene mit dem distanzierten Blick eines Verhaltensforschers zu betrachten. Was läuft im Organismus dieses Höhlenbewohners ab, wenn er den Bären erblickt? Der ganze Körper wird auf die höchste Alarmstufe versetzt: Die Nebennierenrinde stösst eine Überdosis von Adrenalin («Stress-Hormon») ins Blut aus. Dadurch beginnt sich der Körper sehr rasch zu aktivieren, der Kreislauf geht auf Hochtouren, Blut wird in alle Muskeln gepumpt. Der Atem geht unwillkürlich schneller, damit der Körper genug Sauerstoff bekommt. Die Muskeln spannen sich an. Weil zum Nachdenken keine Zeit besteht, wird das Grosshirn abgeschaltet, und das Stammhirn reagiert reflexartig und lässt den Menschen zum Angriff vorgehen, erstarren oder aber fliehen.

## Angst kann Leben retten

Wenn wir diesen Höhlenbewohner interviewen könnten und ihn fragen, was er beim Anblick des Bären empfunden habe, würde er wohl so etwas wie Angst, Panik oder Schrecken ausdrücken. Dies sind alles sehr unangenehme Gefühle! Und dennoch ist die Reaktion des Organismus auf diese lebensbedrohende Gefahr sehr sinnvoll. Sie hat dem Höhlenbewohner das Leben gerettet! Ohne Angstreaktion wäre die Menschheit schon längst ausgestorben. Die Angst schützt uns in Gefahren, ist also lebenserhaltend.

## Sind Ängste angeboren oder anerzogen?

Sind Ängste angeboren? Wahrscheinlich die wenigsten! Selbst die Angst vor Schlangen, die angeblich im Erbgut des Menschen einprogrammiert sein soll, macht nicht allen zu schaffen. Die allermeisten Ängste lernen wir durch eigene Erfahrungen oder sie werden uns durch Eltern und Erzieher vermittelt.

Auch der Urzeitmensch wird nach seinem Erlebnis mit dem Bären eine Art Höhlenangst entwickeln. Wenn er das nächste Mal einen Höhleneingang entdeckt, wird ihm in der Phantasie jene Szene hochsteigen, und sein Herz beginnt bereits schneller zu schlagen. Er empfindet Angst, und dies ist für ihn ein Warnsignal, das ihn zur Vorsicht mahnt. So wird er sich künftig hüten, eine solche Höhle in unvorsichtiger Art und Weise zu betreten.

Wie kann eine Angst anerzogen werden? Dies könnten wir uns etwa so vorstellen: Ein kleines Kind hätte wohl keine Scheu, im Zoo seine Hände durch das Gitter zu strecken, um einen Löwen zu streicheln, so wie es sein Plüschtier liebkost. Doch ein entsetzter Aufschrei der Mutter hindert es daran. In ihrem Schrecken reagiert die Mutter vielleicht gar panikartig, sie wird das Kind wegzerren, ausschimpfen, vielleicht sogar schlagen. Später wird sie ihm zureden und erklären, warum Löwen gefährlich sind. So «lernt» das Kind über Gefühl und Verstand die Angst vor Gefahren. Das ist gut so, denn wie sollte sonst ein kleines Kind mit den Gefahren dieser Welt fertig werden? Wie sonst lernte es, beim heutigen Verkehrsaufkommen zu überleben? Schlecht bestellt ist es allerdings, wenn Angst der einzige Lehrmeister bleibt. Dies ist der Fall bei überängstlichen Eltern, die ihre Kinder vor allem schützen und behüten wollen. Sie erziehen ohne schlechte Absicht ihre Kinder zu ängstlichen, eingeengten und oft lebensuntüchtigen Menschen.

### Angstfreie Helden?

Menschen, die nie Angst empfinden, sind für sich und für die Umwelt eine grosse Gefahr. Denken wir nur an die Autoraser auf der Autobahn. Sie empfinden keinerlei Angst und erkennen daher auch ihre eigenen Grenzen nicht. Jedenfalls ist es keine Schande, sich und den anderen Ängste einzugestehen. Selbstsichere Menschen jedenfalls scheuen sich nicht davor, von ihren Ängsten zu sprechen. Bestimmt haben die grössten Helden der Menschheit Ängste empfunden. Reinhold Messner wurde einmal gefragt, welches Glücksgefühl er auf dem Gipfel eines Achttausenders empfinde. Er antwortete überraschenderweise: «Ich empfinde nichts als Angst, nackte Angst, nicht mehr lebend herunterzukommen.»

### Zu viel Angst macht krank

Auch wenn Angst lebensnotwendig und lebenserhaltend ist, kann ein Übermass an Angst unsere Lebensqualität stark beeinträchtigen. Denken wir an die angstkranken Menschen, die eine panische Angst haben, sich in engen Räumen, z.B. einem Lift, aufzuhalten. Im Volksmund bezeichnet man dies als «Platzangst» (die wissenschaftliche Bezeichnung lautet Claustrophobie). Es gibt zwar gewisse Ängste, die sehr lästig sind, sich aber nicht einschränkend auf den Alltag auswirken. Wer Angst vor Hunden hat, wird ihnen ausweichen. Wer nur zitternd und schweissgebadet Lift fahren kann, wird Aufzüge möglichst meiden. Doch wie geht es Menschen, die sich vor lauter Angst nicht auf die Strasse wagen? Sie bedürfen sicher einer psychotherapeutischen und vielleicht ärztlichen Hilfe. Nochmals: das hier Gesagte bezieht sich auf Ängste, die Krankheitswert haben. Sicher brauchst Du keine Behandlung, wenn Du Dich vor Spinnen fürchtest! Mit dieser Angst kannst Du gut leben. Auch mit der Prüfungsangst?

## 4. Vom Lampenfieber zur Prüfungsangst

Das Wort Lampenfieber stammt aus der Theaterwelt. Wenn Schauspieler darauf warten, vom Scheinwerferlicht angestrahlt zu werden, um auf der Bühne vor dem Publikum aufzutreten, zeigen sich die Symptome des Lampenfiebers wie Herzklopfen, Schweissausbrüche, ein flaues Gefühl in der Magengegend oder das dauernde Bedürfnis, die Toilette aufzusuchen. Zudem empfinden sie eine Leere im Kopf. Dieses auffallende «Krankheitsbild» verschwindet aber meist schlagartig kurz nach Beginn des Bühnenauftritts.

Du kennst dieses elende Gefühl des Lampenfiebers bestimmt aus eigener Erfahrung.

Warum fürchten sich eigentlich die meisten Menschen vor dem Reden in der Öffentlichkeit? Warum gibt es viele Jugendliche und Erwachsene, die nur beim Gedanken an ein Examen oder eine Schulprüfung Angst und Panik empfinden?

## Auch Prüfungsangst wird «gelernt»

Sie ist nicht angeboren, sondern wird im Laufe der Kindheit «gelernt» oder anerzogen. So könnte auch bei Dir die Angst vor Prüfungen entstanden sein:

- Sicher ist es immer wieder vorgekommen, dass Du Dich vor anderen blamiert gefühlt hast. Vielleicht hast Du einmal gestottert, als Du an Weihnachten einen Spruch aufsagen solltest.

- Das spöttische Lächeln der Erwachsenen ist Dir nicht verborgen geblieben. Ebensowenig das höhnische Gelächter Deiner Mitschüler, als Du einmal eine falsche Antwort gegeben hast.

- All diese kleinen und grösseren Misserfolge sind in Deinem Gedächtnis gespeichert. Mit der Zeit hast Du eine Angst entwickelt, dass sich eine solche Blamage wiederholen könnte.

- Wenn sich diese Angst vor einer Blossstellung einmal in Deinem Kopf festgesetzt hat, wirst Du künftig solche Situationen zu vermeiden suchen. Du meldest Dich nicht mehr im Unterricht, drückst Dich vor dem Aufsagen von Gedichten, vermeidest es, eine Rolle im Schultheater zu übernehmen.

• Es bleibt nicht aus, dass Du auch in Schulprüfungen gelegentlich versagst. Wenn Du dies jedesmal als Beweis betrachtest, dass Du persönlich unfähig bist, vertraust Du immer weniger Deinem Können und Deinen Fähigkeiten.

• Du gerätst in den Strudel der Prüfungsangst, erwartest ständig ängstlich Misserfolge. Diese treten dann, wie Du schon vorher wusstest, tatsächlich auf.

• Die Misserfolge beweisen Dir, dass Du ein Versager bist... ein richtiger Teufelskreis hat sich eingespielt.

## Prüfungsangst ist sinnlose Angst

Die Angstreaktion ist sinnvoll und manchmal sogar lebensrettend. Doch wie steht es mit der Prüfungsangst? Was sollen in einer Mathe-Prüfung ein erhöhter Blutdruck, ein rascher Puls, ein Anspannen der Muskeln, die Denkblockade? Werden wir im nächsten Moment von einem Höhlenbären überfallen, von einem Auto überfahren, werden wir von einem Verbrecher bedroht oder stürzen wir in den Abgrund? Die Prüfungsangst ist im Grunde genommen eine sinnlose Angst, vor allem, wenn sie in grosser Heftigkeit auftritt. Sie ist eine instinktive Reaktion des Stammhirns auf eine äussere Gefahr und daher in der Prüfungssituation also völlig fehl am Platz.

## Fliehen oder kämpfen?

Am schlimmsten für Dich ist, dass diese Reaktion des Stammhirns Dein Grosshirn und somit Dein Denken abschaltet. Die Denkblockade mag in Lebensgefahr hilfreich sein. Aber jetzt kannst Du weder weglaufen noch gegen irgend jemand einen Angriff starten (vielleicht würde Dich dies erleichtern, Du könntest Deine aktivierte Muskelkraft abreagieren!)

Das Gedächtnis ist eine Schublade, die ständig klemmt.

## Lerne, Dich in Angstsituationen zu beruhigen!

Im Selbsthilfeprogramm dieses Buches werden Dir Entspannungsmethoden vorgestellt, die Deinen auf höchste Alarmstufe versetzten Körper beruhigen, die Denkblockade beseitigen und Dir einen klaren Kopf verschaffen. Du findest sie im Kapitel «Mein Trainingsprogramm», siehe Seite 91.

## Prüfungsangst kannst Du abbauen und vermeiden

Noch besser wäre es, wenn diese unnötige Angst in Prüfungen gar nicht auftritt. Dieses Ziel kannst Du tatsächlich erreichen, wenn Dir klar wird, dass sich die Prüfungsangst vor allem in Deinem Kopf abspielt. In Deiner Phantasie machst Du aus einer an sich harmlosen Schulprüfung einen bedrohlichen Angriff. Wenn es Dir gelingt, Deine negativen Angstphantasien zu zügeln, dann braucht Dein Körper nicht auf diese eingebildeten Gefahren zu reagieren. Mit dem mentalen (geistigen) Training wirst Du es schaffen, den riesigen Höhlenbären in einen harmlosen Teddybären zu verwandeln. Siehe den Abschnitt «Mentales Training» auf Seite 99.

## 5. Die richtige Anspannung

Nun denkst Du vielleicht, Du müsstest Dein Lampenfieber wegtrainieren, doch ist dies nicht sinnvoll. Wenn Du nämlich geistige Höchstleistungen erzielen möchtest, ist es wenig ratsam, Dich völlig zu entspannen oder gar mit Medikamenten zu beruhigen. Der ganze Organismus (Körper, Geist und Seele) braucht eine gewisse erhöhte Aktivität, damit Du klar und schnell denken kannst. Wenn Du Lampenfieber vor einer Prüfung spürst, ist dies etwas ganz Positives: es ist wie eine Signallampe, die anzeigt, dass Du startbereit bist. Du empfindest zwar diese körperliche Anspannung als unangenehme Nervosität, sie ist aber durchaus fördernd für Deine geistigen Leistungen. Wenn Du nämlich müde und abgeschlafft oder sogar unter der Wirkung von Beruhigungsmedikamenten in eine Prüfung gehst, bist Du geistig zu wenig aktiv und die Leistung ist entsprechend schwach. Dies soll mit der folgenden Zeichnung verdeutlicht werden.

- Wenn Du ganz entspannt, schlaff und vielleicht sogar etwas schläfrig bist, ist Deine geistige Leistungsfähigkeit auf dem Nullpunkt. Du bist nicht in der Lage, etwas aufzunehmen, noch Dein Gedächtnis zu strapazieren.

- Je mehr Du aber körperlich aktiv wirst, beginnen sich auch die grauen Hirnzellen zu regen. Du kannst Dich besser konzentrieren und bist auch in der Lage, Gespeichertes abzurufen. Bei einem mittleren Grad von körperlicher Stressbereitschaft bist Du am ehesten bereit zu geistigen Höhenflügen.

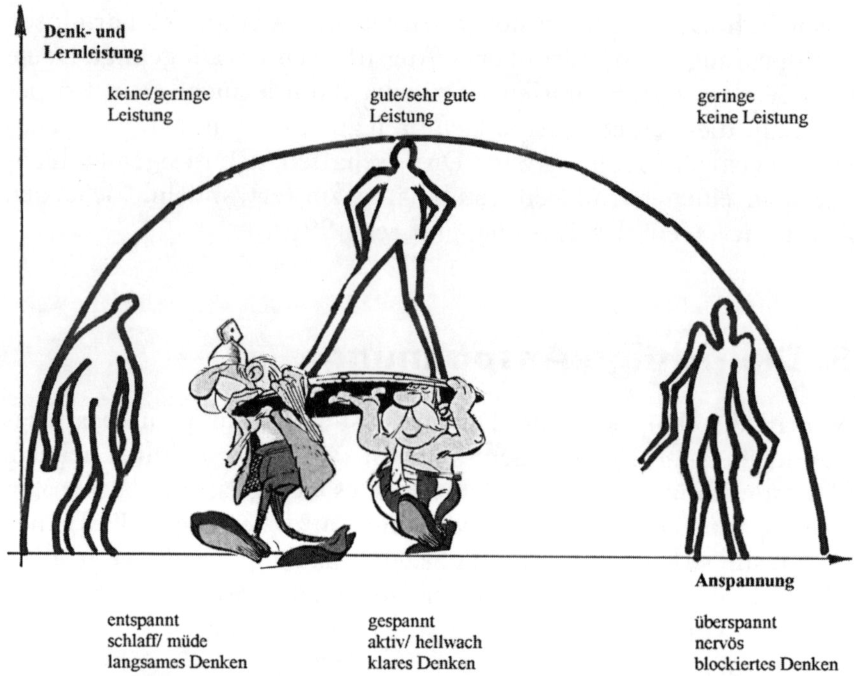


*Kurve der körperlichen und geistigen Anspannung*

- Kurz vor der Prüfung oder dem Vortrag steigert sich Deine körperliche und gefühlsmässige Stressbelastung, dann erlebst Du das, was man Lampenfieber nennt. Dies soll Dich nicht noch mehr verunsichern, denn Lampenfieber ist nur ein Signal dafür, dass sich Dein Körper und Dein Geist für eine Leistung vorbereiten. Es gibt weltberühmte Schauspieler, die selbst nach einer lebenslangen Karriere vor jedem Auftritt fürchterlich nervös sind. Einige behaupten sogar, dass ihr Lampenfieber notwendig sei, damit sie Glanzleistungen erbringen können.

- Meist verfliegt das Lampenfieber wie von selbst, mit jeder Minute wirst Du ruhiger und gelassener. Leider klappt dies nicht immer.

Falls Du Dich nicht auffangen kannst, gerät Dein Körper in eine Art Alarmzustand. Stresshormone werden freigesetzt. Wie in Urzeiten reagiert Dein Organismus auf eine lebensbedrohende Gefahr.

- Es braucht dann nicht viel, dass sich ein an und für sich harmloses Lampenfieber in eine echte Panik steigern kann. Nun ist Dein Organismus auf Kampf Flucht oder auf eine Totstell-Reaktion eingestellt. Der Blutdruck ist erhöht, das Herz klopft wie wahnsinnig, Deine Muskeln sind so angespannt, dass Du ins Zittern gerätst. Du beginnst zu schwitzen oder wagst vor Schreck kaum mehr zu atmen.

- In diesem elenden Zustand tritt die bereits erwähnte Denkblockade ein und Deine geistige Leistungsfähigkeit ist wieder auf dem Nullpunkt, wie wenn Du schläfrig und dösig bist.

Ist Dir klar geworden, dass Deine geistige Leistungsfähigkeit beim Lernen, aber vor allem auch in Prüfungen, stark davon abhängt, in welchem Ausmass Dein Körper angespannt oder entspannt ist? Um geistige Höchstleistungen vollbringen zu können, solltest Du Dich also in einem mittleren Anspannungsgrad (mittleren Tonus) befinden.

Wie kannst Du Deinen Organismus beruhigen, der von Stresshormonen aufgepeitscht und bereit ist, auf eine lebensbedrohende Gefahr blitzschnell zu reagieren? Wie bringst Du Dein Denken wieder einigermassen zum Funktionieren?

Dies gelingt Dir, wenn Du gelernt hast, Deinen Körper zu entspannen und Deine Angstphantasien in Griff zu bekommen. Mit dem Selbsthilfeprogramm dieses Buches wirst Du beides einüben.

Im folgenden geht es darum, wie Du Dich von negativen und angstmachenden Gedanken befreien kannst. Du lernst im mentalen Training, Dein inneres Tonband neu zu programmieren: Deine Ängste und Befürchtungen verfliegen, Du wirst immer sicherer und freier!

## 6. Das Tonband im Kopf

Ist Dir auch schon aufgefallen, dass in Deinem Kopf ein Tonband abspult, das ständig auf Dich einredet? Vor allem wenn Du Misserfolge in der Schule, Lernhemmungen oder Prüfungsängste hast, sind es negative, entmutigende Aussagen. Ich fordere die Jugendlichen in den Stresskursen regelmässig auf, zu berichten, was für Bänder in ihnen ablaufen. Hier einige Äusserungen über negative Gedanken:

Oliver: *«Es bringt sowieso nichts, wenn ich etwas lerne. Ich komme einfach nicht draus.»*

Brigitte: *«Beim letzten Mal hast du Glück gehabt; da konntest du dich durchmogeln. Aber diesmal kommt die grosse Rache. Es klappt bestimmt kein zweites Mal.»*

Andreas: *«Die anderen machen es bestimmt besser als ich.» Es kommt mir gar nicht in den Sinn, dass mein Aufsatz vielleicht auch gut sein kann.*

Mike: *Bei einer Schriftlichen sage ich: «Ich kann es doch nicht.» Das sagt man sich, wenn man schon ein paar Mal einen Abschiffer gehabt hat.*

Pierre: *Wenn ich immer wieder eine 3 zurückbekomme, dann werde ich so entmutigt, dass ich mir sage: «Was will ich überhaupt machen? Immer wenn ich lerne, bekomme ich eine 3!»*

Felix: *«Wenn ich jetzt einen Fehler mache, dann geht sowieso alles schief!»*

Anita: *Ich denke oft: «Ich kann das nicht! Ich habe sowieso keine Chance; es sind sowieso alle viel besser. Ich schaffe das nicht, ich schaffe diese Schule nicht.» Das geht mir ständig im Kopf herum.*

Gesprächsleiter: *Wann kommen diese Gedanken denn?*

Anita: *In der Prüfung weniger, da habe ich versucht, sie abzustellen. Aber vor der Prüfung, zu Hause, im Bett, bevor ich einschlafe, oder nach der Prüfung. Ich habe oft ein schlechtes Gefühl.*

Gesprächsleiter: *Woher kommen eigentlich diese Gedanken: «Ich schaffe es nicht, die anderen sind besser» usw.?*

Pierre: *Einerseits durch die schlechten Resultate. Dann aber auch durch die Eltern. Sie sagen: «Du hast ja doch nichts gemacht.» Natürlich stimmt es, dass ich nichts gemacht habe. Ich selber merke natürlich auch, wie schlecht ich bin; und was mir oft passiert, dass ich mich mit anderen vergleiche. Dann frage ich mich eigentlich: «Wie schaffen die das?»*

Brigitte: *Aus der Konkurrenz kommt es vielleicht. Konkurrenz stachelt einen an, sagt man ja. Aber sie kann einen auch fertigmachen. Man bleibt nicht bei sich, sondern geht zu den anderen; das ist ein Fehler. Man sollte eigentlich in einem solchen Fall auf sich bezogen sein, und nicht immer die eigene Person mit jemand anderem vergleichen.*

Anita: *Ich finde es noch wichtig, dass man sich nicht mit der Note gleichsetzt. «Ich bin so gut wie eine 5» oder «ich bin so gut wie eine 2». Wenn ich eine 2 zurückerhalte, komme ich mir so klein vor. Ich beziehe es dann immer auf mich: «Ich bin schlecht.»* ”

**Woher kommen die negativen Programme?**

Es handelt sich um negative Programme, die in unseren Köpfen ablaufen. Nun kann man sich fragen: «Wer hat sie programmiert? Wo kommen die her?» Wer viele Misserfolge einstecken musste, neigt dazu, sich mit der Zeit selber negativ zu programmieren. Die entmutigenden Selbstgespräche laufen dann ohne äusseren Anlass weiter.

Sehr viele Menschen sind negativ programmiert. Du auch? Du stehst am Morgen auf und sagst Dir: «Dieser Tag bringt bestimmt nichts! In dieser Woche habe ich so viel Stress wie noch nie.» In dieser Stimmung beginnst Du den Tag und hast dann sofort eine Bestätigung. Stolperst Du über die Schuhe, dann ist Dir sofort klar: «Ich hab' es gewusst, das fängt ja gut an!» Und dann fährt Dir der Bus vor der Nase ab. Am Ende der Woche stimmt tatsächlich die Prophezeiung: «In dieser Woche ist alles misslungen!» Wie wäre es wohl herausgekommen, wenn Du Dich positiv programmiert hättest?

Wir können uns geistig auch positiv beeinflussen. Das sieht man z.B. auch beim Sport: Sportler, die sich positiv einstellen und die nicht von vornherein glauben, verlieren zu müssen, werden in Wettkämpfen bessere Leistungen erzielen. Jene Sportler hingegen, die sich einreden: «Ich habe sowieso keine Chance!», stehen sich selber vor ihrem Sieg. Bei Spitzensportlern wird seit einigen Jahren ein mentales Training durchgeführt, d.h. es wird ihnen beigebracht, wie sie sich geistig positiv einstellen können. Die Erfolge bleiben nicht aus.

Diese Methode können sich auch Schülerinnen und Schüler zunutze machen. Bestimmt hast Du viel Negatives erlebt: schlechte Noten, allerlei Misserfolge und Versagen in Prüfungen. Du hast vielleicht Vorwürfe gehört von Deinen Eltern, Lehrern und vielleicht sogar von Kollegen. Trotzdem ist es wichtig, dass Du Dich nicht auf das Negative fixierst. Beginne, Dich selber positiv umzuprogrammieren! Wie Du dies anpacken kannst, erfährst Du im Abschnitt «Mentales Training» auf Seite 99.

## 7. Der Weg aus dem Prüfungsstress

- Angst ist ursprünglich etwas Gutes: Bei Gefahr wird der Organismus in Alarmbereitschaft versetzt, der Kreislauf geht auf Hochtouren, die Muskeln sind angespannt. Beispiel: Der Höhlenbewohner kann dadurch dem Bären davonlaufen oder sich ihm zum Kampf stellen.

- Die Angstreaktion blockiert das Denken, damit schnell, ohne Überlegen gehandelt werden kann (Grosshirn ist abgestellt, nur Stammhirn arbeitet).

- Die Angst in Prüfungen ist unnötig, da hier keine Lebensgefahr besteht. Die Alarmbereitschaft des Körpers wirkt sich störend aus durch Herzklopfen, Schwitzen, überspannte Muskeln. Es besteht auch nicht die Möglichkeit, dass der Körper sich abreagieren kann.

- Vor allem schädlich ist die Denkblockade: in der Prüfung brauchst Du einen klaren Kopf!

- Hingegen ist eine gewisse körperliche und seelische Anspannung nötig, wenn Du geistige Höchstleistungen erbringen willst. Diese Anspannung vor Prüfungen oder Auftritten empfindest Du als Lampenfieber.

- Lampenfieber soll Dich nicht beunruhigen. Es ist nur das Signal, dass Du startbereit bist. Körper und Geist sind auf die Prüfung (den Vortrag) vorbereitet.

- Falls das Lampenfieber doch ansteigt, kannst Du die «Erste Hilfe bei Stress» anwenden. Du beruhigst Dich mit kurzen Atem- und Entspannungsübungen (siehe Seite 105).

- Du brauchst Dich nicht zu schämen, wenn Du Angst hast. Fast alle Menschen haben Ängste, doch viele wagen es nicht, sie sich und anderen einzugestehen.

- Sprich Kolleginnen und Kollegen auf Deine Prüfungsangst an. Du wirst staunen, dass viele unter ähnlichen Erscheinungen wie Du leiden.

- Viele Ängste spielen sich nur in Deinem Kopf, in Deiner Phantasie ab. Auch die Angst, in Prüfungen zu versagen, hat oft mit der Wirklichkeit wenig zu tun. Wenn es Dir gelingt, Deine angstmachenden Gedanken abzubauen, wirst Du weniger ängstlich und nervös in Prüfungen sein.

- Mit dem mentalen Training (siehe Seite 99) zügelst Du Deine Angstphantasien. Der gefährliche Höhlenbär wird zum Streicheltier.

**Zusammenfassung Kapitel 3: Prüfungsstress**
Lampenfieber und Prüfungsangst sind Anzeichen dafür, dass Körper und Geist zu Höchstleistungen bereit sind. Ein gewisses Mass an Anspannung vor und während Prüfungen ist also durchaus normal. Wenn Du nämlich völlig entspannt bist, wird Dein Denken langsam und träge.

Nehmen die Anspannung und die Angst überhand, kommt es zu der bekannten Denkblockade, von Jugendlichen gelegentlich «Mattscheibe» genannt.

Mit dem Trainingsprogramm dieses Buches kannst Du Anspannung, Lampenfieber und Prüfungsangst in den Griff bekommen.

# HILFEN BEI STRESS

## 1. Die Wirkung der Anti-Stress-Methoden

### Wenn die Phantasie Angst macht

Erinnerst Du Dich an die Geschichte mit dem Höhlenbären? Die Angstreaktion bereitete den Höhlenbewohner darauf vor, davonzulaufen oder mit dem Bären zu kämpfen. Diese urtümliche, instinktive Art unseres Organismus, auf eine Gefahr zu reagieren, tritt auch auf, wenn die Angst nicht von einer äusseren Gefahr, sondern durch unsere eigenen Vorstellungen und Phantasien ausgelöst wird. Wenn Du z.B. unter einem geistigen oder seelischen Stress stehst oder von einer Prüfungsangst geplagt wirst, spielt sich dieses Geschehen nicht einfach in Deinem Kopf, in Deiner Phantasie ab: Dein ganzer Körper reagiert mit! Es braucht also keinen Höhlenbären, der Dich erschreckt, damit Dein ganzer Körper sich kampf- oder abwehrbereit macht. Es genügt, Dir eine Gefahr in der Phantasie vorzustellen.

### Anspannung beim Krimi

Möchtest Du einen Beweis dafür? Beim nächsten spannenden Krimi, den Du Dir am Fernsehen oder im Kino ansiehst, beobachte einmal Deine Körperreaktionen (oder bitte Deinen Freund, Deine Freundin, dies zu tun): Klopft nicht Dein Herz schneller? Vielleicht bemerkst Du, dass Du völlig verspannt dasitzt, die Finger in die Armlehnen verkrallt. Bei gewissen Szenen hältst Du den Atem an. Obwohl für Dich zu Hause oder im Kino keinerlei Gefahr besteht, bist Du angespannt wie ein Bogen.

Angst und Stress spielen sich also nicht nur in unserm Denken und Fühlen ab, der Körper reagiert immer mit. Man hat festgestellt, dass Menschen, die sich in einem ständigen Angst- oder Stresszustand befinden, überspannte Muskeln haben. Wer unter Ängsten leidet, wirkt auch körperlich verkrampft. Nicht selten sind schmerzhafte Muskelverspannungen in Rücken und Hals die Folge von andauernden Ängsten.

### Wenn Du körperlich entspannt bist, hast Du keine Angst

Wenn Du Dich hingegen wohlig am Meeresstrand unter einer Palme räkelst, so richtig locker und entspannt, dann bist Du völlig frei von Angst; Du fühlst Dich glücklich: positive und optimistische Gedanken gehen durch Deinen Kopf. Daher müsste es umgekehrt auch möglich sein, Angst und Stressgefühle abzubauen, indem Du Dich körperlich entspannst, die Muskeln lockerst, den Atem befreist. Damit ist uns ein hervorragendes Mittel gegen quälende Angst und Stress gegeben: die körperliche Entspannung.

## 2. Wie körperlich und geistig entspannen?

Alle heute gängigen körperlich-geistigen Entspannungsmethoden beruhen auf der Tatsache, dass Angst und Entspannung sich so schlecht vertragen wie Feuer und Wasser. Wer körperlich entspannt ist, kann keine Angst und keinen Stress empfinden. Drei der wichtigsten Methoden seien hier aufgeführt.

### Autogenes Training

Der Berliner Arzt I.H. Schultz (1923) ist Erfinder des in der ganzen Welt verbreiteten Autogenen Trainings. Kurz gesagt geht es hier

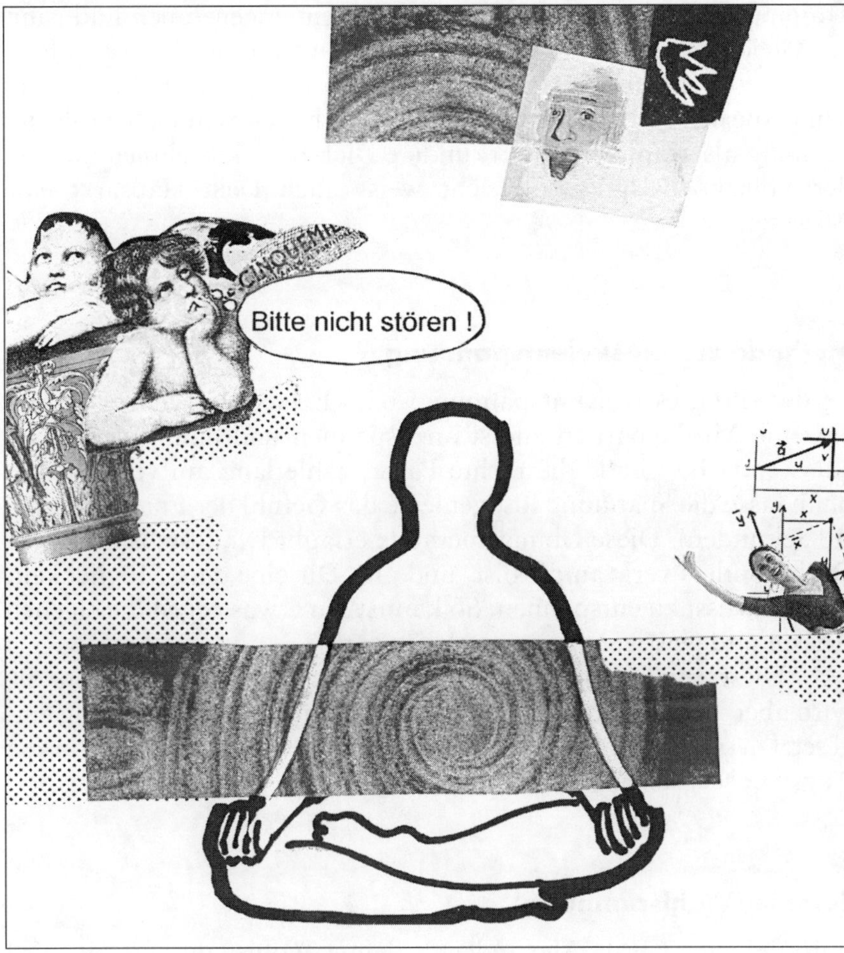


*Entspannung macht Dich frei!*

darum, den Körper mit sechs verschiedenen Übungen zur Entspannung zur Ruhe zu bringen. Dies ist eine autosuggestive Methode, indem man sich selber gewisse Formeln vorsagt, z.B. «mein rechter Arm ist ganz schwer» oder «Ich empfinde in meinem ganzen Körper strömende Wärme». Es braucht allerdings regelmässige Übung, wenn der Körper diesen Befehlen folgen soll. Am Schluss des Autogenen

Trainings befindet sich der Körper in einem angenehmen und ruhigen Gleichgewichtszustand, die Seele in Harmonie und Gelassenheit.

Das Autogene Training ist weit verbreitet, gelegentlich gibt es Kurse speziell für Jugendliche. Manchmal bieten Schulen Autogenes Training als Wahlfach an. Erkundige Dich bei Klubschulen und bei der Volkshochschule. Vielleicht weiss auch Dein Hausarzt eine Adresse.

### Methode zur Muskelentspannung

Bei der «Progressiven Entspannung» nach E. Jacobson geht es darum, einzelne Muskelpartien zuerst anzuspannen und dann wieder loszulassen, z.B.: «Balle die rechte Faust, zähle langsam von 1 bis 5, dann lasse die Spannung los, geniesse das Gefühl der Entspannung» (10 Sekunden). Diese Übungsmethode erlaubt Dir, festzustellen, wo Du besonders verkrampft bist, und gibt Dir eine gute Möglichkeit, Dich bewusst zu entspannen. So kannst Du etwas gegen die eigenen Ängste und geistigen Verspannungen tun.

Diese Methode wird kaum als separater Kurs angeboten. Sie wird aber in vielen Kursen und Kassetten zur Stressbewältigung eingesetzt, vor allem aber in der Verhaltenstherapie (z.B. bei starken Ängsten, seelischen Hemmungen).

### Eutonie (Wohlspannung)

Eutonie (nach Gerda Alexander) bedeutet Wohlspannung. Sie wird auch als «Yoga des Westens» bezeichnet. Bei allen Übungen wird versucht, sich geistig auf gewisse Körperpartien zu konzentrieren, die ruhig daliegen oder langsam bewegt werden. Bei der ersten Übung z.B. liegst Du auf dem Rücken und spürst allen Stellen nach, mit denen Dein Körper den Boden berührt. Nach und nach lockern sich so alle Verspannungen der Muskulatur. Körper und Seele erreichen einen ausgeglichenen Zustand.

Ich habe zwei Übungen aus der Eutonie in das Trainingsprogramm aufgenommen, weil sie sich in meinen Anti-Stress-Kursen für

Schüler sehr gut bewährt haben. Der Einstieg in diese Art von Übungen ist etwas einfacher als beim Autogenen Training, denn es «muss» kein bestimmtes Ziel erreicht werden wie z.B. ein Schwere- oder Wärmegefühl im Arm. In der Eutonie wird einfach beobachtet, was geschieht, wenn ich nachspüre, wie mein Arm die Unterlage berührt.

Auch die Übungskassette enthält die beiden Übungen (Sitzen und Liegen).

## 3. Sich geistig trainieren

«Mentales Training» ist ein Sammelbegriff für alle Bemühungen, sich selber geistig positiv zu beeinflussen (mental bedeutet geistig). In der Sportmedizin und Sportpsychologie werden Spitzensportler systematisch mental trainiert. Was nützen die Muskelpakete, wenn der Sportler nicht an sich und seine Chancen glaubt? Bei zwei etwa gleich starken Partnern (um nicht zu sagen Gegnern) in einem Wettkampf gewinnt meist der seelisch stärkere. Die Sportler werden von ihren Trainern aufgefordert, sich den Wettkampf bis in alle Einzelheiten in der Phantasie vorzustellen, und zwar in den rosigsten Farben: alles gelingt ihnen, was sie sich vorgenommen haben! Nach diesen geistigen Probeläufen ist für die mental trainierten Sportler der wirkliche Wettkampf nur noch die Erinnerung an die eingeübte Vision.

Diese Methode kannst auch Du Dir nutzbar machen, wenn Du wie ein selbstbewusster Sportler voller Optimismus und Selbstvertrauen die Schulprüfungen anpackst. Dieses Training wird Dir im Selbsthilfeprogramm dieses Buches vertraut gemacht. Zuerst einmal musst Du aufhören, negativ über Dich und Deine Erfolgschancen zu denken. Du stoppst Deine schwarzmalerischen, angstmachenden Selbstgespräche. Du denkst nur noch optimistisch und machst Dir Mut mit positiven Gedanken. Wie im Sport geht es auch darum, Dir die erfolgreiche Prüfung in der Phantasie immer wieder vorzustellen. Im nächsten Kapitel erfährst Du alles Nähere, wie Du mit dem mentalen Training Deinen Schulerfolg verbessern kannst.

**Zusammenfassung Kapitel 4: Hilfen bei Stress**

Wenn Du gelernt hast, Dich körperlich zu entspannen, verfliegt jede Angst und jedes Stressgefühl.

Es gibt viele Methoden der körperlichen Entspannung. Such Dir eine aus, die Dir entspricht.

Auch das Selbsthilfetraining in diesem Buch zeigt Dir, wie Du Dich in kurzer Zeit entspannen kannst.

Es ist aber auch wichtig, dass Du Dich geistig-seelisch fit hältst. Du kannst Dich geistig trainieren, Dich abhärten gegen die Stressbelastung.

Vertreibe negative Gedanken, denke positiv und optimistisch, dann bist Du bald frei von Stress und Prüfungsangst!

# Mein Trainingsprogramm

## 1. Der Ablauf des Programms

### Für wen ist das Trainingsprogramm geeignet?

Dieses Selbsthilfeprogramm ist zugeschnitten auf Schülerinnen und Schüler von höheren Klassen in weiterführenden Schulen, ebenso auf Lehrlinge oder Studierende. Auch jüngere Schüler von etwa dem 12. Lebensjahr an können davon profitieren, wenn sie von Eltern oder von Fachleuten angeleitet werden.

### Hast Du den Stress-Check schon gemacht?

Vielleicht hast Du die bisherigen Kapitel nur überflogen oder gar nicht gelesen. Denn Dir geht es ja nicht um irgendwelche Theorien: Du willst Deine Prüfungsangst und Deinen Schulstress loswerden. Falls Du Dich entschliessen solltest, dieses Selbsthilfeprogramm durchzuführen, empfehle ich Dir, auch die übrigen Kapitel dieses Buches zu lesen. Hast Du den Stress-Check schon gemacht? Nein? Dann nimm Dir ein paar Minuten Zeit, dies jetzt nachzuholen (siehe Seite 13).

### Die Kassette unterstützt Dein Training

Um Dir den Einstieg in das Selbsthilfeprogramm zu erleichtern, haben Camille Büsser (Psychologe FSP) und ich einen Kassetten-Kurs «Frei von Prüfungsstress» entwickelt. Immer wieder erhalten wir Rückmeldungen, dass die Kassette eine wirksame Hilfe bei Lern- und Prüfungsstress ist.

## *So ist der Ablauf des Programms*

Die folgende Grafik zeigt Dir den Ablauf des Trainingsprogramms.

| | |
|---|---|
| Übung im Liegen: Entspannen und innerlich abschalten | **1. Entspannung**<br>«Ich lerne, mich zu entspannen und beruhigen» |
| | ↓ |
| Übung im Sitzen: Sich konzentrieren und geistig wach werden | **2. Konzentration und Aktivierung**<br>«Ich lerne, mich zu konzentrieren und Energien zu aktivieren» |
| | ↓ |
| Negatives Denken stoppen, sich Mut machen und frei und gelassen werden | **3. Mentales Training**<br>«Ich vertreibe negative Gedanken und ermutige mich selbst» |
| | ↓ |
| Sich beruhigen und konzentrieren, Blockaden abbauen | **4. «Erste Hilfe bei Stress»**<br>«Ich weiss mir bei Stress und Angst zu helfen» |

Anhand dieser Abbildung möchte ich Dir den Ablauf näher beschreiben:

### 1. Entspannungsübung

Du beginnst damit, Dich am Boden liegend zu entspannen und zu beruhigen.

**2. Konzentrations- und Aktivierungsübung**

Du lernst, auf einem Stuhl sitzend, Dich zu konzentrieren und Deine Energien zu sammeln.

**3. Mentales Training**

Jetzt geht es darum, den Schulstress und die Prüfungsangst gezielt anzugehen. Dies ist das mentale Training (geistiges Training). Du lernst, das negative und entmutigende Denken zu stoppen und zu ersetzen mit positiven, anspornenden Gedanken. Du wirst Dir ferner in Deiner Phantasie eine erfolgreiche Prüfung vorstellen.

**4. Die «Erste Hilfe bei Stress»**

Sollte sich Dein Lampenfieber in der Prüfung zur Nervosität oder gar zur Mattscheibe (Denkblockade) steigern, greifst Du zur «Ersten Hilfe bei Stress». So kannst Du Dich rasch beruhigen und einen klaren Kopf bekommen.

## 2. Entspannung und Konzentration

### *Einführung in die ersten beiden Übungen*

(Diese Übungen findest Du auch auf der 1. Seite der Kassette.)

Stress und Entspannung können nicht gleichzeitig auftreten. Entweder bist Du gestresst oder entspannt. Das eine schliesst das andere aus. Gelingt es Dir, Dich körperlich zu entspannen, dann hast Du auch Stress und Angst abgebaut.

- Wenn Du also Deinen Stress und Deine Prüfungsangst überwinden möchtest, musst Du in einem ersten Schritt lernen, Dich zu entspannen. Dies geschieht mit der ersten Übung, die Du liegend am Boden ausführst. Nach etwa zwei Wochen regelmässigem Üben ist

*Stelle Dir vor, Du hättest die Prüfung erfolgreich bestanden!*

Dir die Entspannung in «Fleisch und Blut» eingegangen. Du wirst seelisch ruhiger und gelassener und es gelingt Dir, Dich auch im Alltag schnell zu entspannen.

- Bei der zweiten, im Sitzen durchgeführten Übung geht es weniger um die Entspannung, sondern darum, Dich in eine gute, aktiv machende Spannung zu versetzen. Dadurch wirst Du hellwach und konzentriert. Deine geistigen Energien werden mobilisiert.

• Nach einer gewissen Trainingszeit kannst Du die Konzentrationsübung beim Lernen zu Hause anwenden.

• Für den Unterricht oder die Prüfung, also den Ernstfall, wird eine abgekürzte Form der Konzentrationsübung empfohlen (das ist die «Erste Hilfe bei Stress»). Du kannst sie einsetzen, wenn es gilt, Dich zu konzentrieren und einen klaren Kopf zu bewahren.

• Diese Übungen verlangen weder Anstrengung noch Schweiss, sie sind in der Regel angenehm und erholend. Doch Du musst den Willen aufbringen, sie regelmässig durchzuführen. Es genügt also nicht, sie nur einmal kurz auszuprobieren. Es würde Dir auch nicht einfallen, Dich ohne Training bei einem Sportwettkampf zu melden.

• Für die Durchführung beider Übungen gilt folgendes: Wichtig ist, dass Du in den folgenden 15–20 Minuten allein bist und nicht gestört wirst. Schliesse das Fenster, ziehe den Telefonstecker aus, befestige vielleicht an Deiner Tür ein Schild mit der Aufschrift: «Bitte nicht stören!» Ungestört zu sein, ist wichtig, denn gestresste Menschen neigen dazu, sich leicht ablenken zu lassen.

## *Die 1. Übung (liegend)*

### «Ich lerne, mich zu entspannen und beruhigen.»

Diese erste Übung dient vor allem der Entspannung. Sie versetzt Körper, Geist und Seele in eine Atmosphäre der Ruhe, Geborgenheit und Gelassenheit. Wenn Du übermüdet bist, besteht aber die Gefahr, dass Du dabei einschläfst. Vermeide, wenn immer möglich, beim Trainieren einzuschlafen. Später kannst Du die Übungen auch abends als Einschlafhilfe benützen (siehe weiter unten). Falls Du aber noch ein ganzes Aufgaben- und Lernprogramm vor Dir hast, sollst Du Dich nicht allzusehr entspannen. Dann beschränke Dich lieber auf die Sitzübung.

**Vorbereitung**

• Besorge Dir eine nicht zu weiche Unterlage. Eine einmal längs gefaltete Wolldecke hat sich bewährt. Vielleicht genügt Dir aber auch der Zimmerteppich. Falls Du zu kühl hast, decke Dich leicht zu. Lege Dich keinesfalls für diese Übung ins Bett, es ist zu weich und verleitet zum Einschlafen.

• Lege Dich flach auf den Rücken. Achte darauf, dass Dich Deine Kleider nicht einengen. Deine Brille und Deine Uhr ziehst Du am besten aus.

**Anleitung für die 1. Übung (liegend):***
Lege Deine Arme locker neben den Körper, die Handflächen berühren die Unterlage. Nimm zuerst einmal wahr, wie Du liegst. Wo spürst Du den Boden am besten? Schliesse die Augen, dann kannst Du besser in Dich hineinhören, hineinschauen und spüren. Vielleicht vernimmst Du jetzt deutlicher alle Geräusche von aussen, doch all dies ist Dir jetzt ganz gleichgültig.

Du machst eine Wanderung durch Deinen Körper und bist neugierig darauf, was Du heute erleben wirst.

Beginne beim Becken. Wo hat Dein Gesäss Kontakt zur Unterlage? Nun spürst Du an der Unterseite beider Beine entlang bis zu den Fersen. Dies geschieht in aller Ruhe, immer sorgfältig nachspürend. Wenn Du bei den Füssen angelangt bist, fährst Du beim Kopf weiter, spürst auf der Unterseite des Kopfes nach, dann im Hals bis in den Rücken. Dann gehst Du spürend durch die Arme, bis Du in den Fingerspitzen angelangt bist.

Nun darfst Du eine kurze Pause einschalten, bei der Du Dich herzhaft dehnst und reckst und auch ausgiebig gähnst. Lege Dich wieder hin.

Gehe der Atembewegung nach. Der Atem streicht durch die Nase ein und aus. Beobachte, wie der Atem Deinen Körper wellenförmig bewegt. Wo spürst Du den Atem besonders gut? Oben in der Hals- und Brustgegend, im Bauch, im Becken?

* Dies ist eine Kurzanleitung. Auf der Übungskassette findest Du eine ausführliche Anleitung.

Manchmal kannst Du die Atembewegung bis in die Finger- und Zehenspitzen hinein verfolgen.

Bleibe jetzt noch ein bis zwei Minuten in dieser angenehmen Entspannung. Geräusche von aussen sind Dir ganz gleichgültig. Wenn Dir Gedanken durch den Kopf schwirren, lass sie vorbeiziehen wie ferne Wolken am Himmel. Geniesse die ruhige Atembewegung.

Mache Fäuste, strecke Arme und Beine, gähne herzhaft und öffne wieder die Augen.

### Anwendung der Übung im Liegen

• Wenn Du die Übung einmal beherrschst, kannst Du sie benützen, um kurz abzuschalten und aufzutanken, um besser weiterarbeiten zu können. Solltest Du aber sehr müde sein, z.B. nach dem Mittagessen, verwende einen Wecker oder besser noch einen Timer (Küchentimer). Er soll Dich nach höchstens 15 bis 20 Minuten wieder aufwecken, denn sonst fällst Du in einen Tiefschlaf, der erst nach ein bis zwei Stunden beendet ist. Sollte Dich der Wecker aus dieser Schlafphase herausreissen, dann wirst Du längere Zeit zu keiner Denkleistung fähig sein, Du fühlst Dich schlapp und geistig träge.

• Eine weitere Anwendung empfiehlt sich am Abend, wenn Du vor lauter Sorgen und Stress nicht einschlafen kannst. Leg Dich im Bett auf den Rücken und spüre überall nach, wo Du mit dem Körper Kontakt zum Bett hast, zur Matratze, aber auch zur Bettdecke. Beobachte dann aufmerksam die Atembewegung, bis Du sanft eingeschlummert bist.

## *Die 2. Übung (sitzend)*

### «Ich lerne, mich zu konzentrieren und Energien zu aktivieren»

• Auch bei dieser Übung ist es wichtig, dass Du völlig ungestört bleibst. Nimm einen Stuhl, der nicht weich ist, keinesfalls einen Polstersessel, in dem Du versinkst. Denn es geht nicht darum, Dich zu relaxen oder gar einzuschlafen, sondern Dich zu konzentrieren und geistig zu aktivieren. Am besten eignet sich ein Stuhl mit einer ebenen, harten Sitzfläche, etwa ein Küchenhocker.

- Setze Dich jetzt so auf den Stuhl, dass Deine Oberschenkel möglichst frei sind, d.h. also nur auf das vorderste Drittel des Stuhles; der Rücken bleibt frei und berührt die Lehne nicht. Stelle Deine beiden Füsse nebeneinander auf den Boden. Deine Hände lege locker auf die Oberschenkel.

- Stelle Dir vor, am obersten Punkt Deines Kopfes sei an einem Haarbüschel ein Faden befestigt, der Dich sanft nach oben zieht (so wird Dein Rücken gestreckt und Du sitzt nicht in der üblichen «Bananenstellung» da).

In den Kursen werde ich immer wieder darauf aufmerksam gemacht, dass diese Haltung recht unbequem sei und der Rücken bald zu schmerzen beginne. Dies stimmt allerdings, denn unsere Rückenmuskulatur ist durch ungünstige Sitzmöbel verwöhnt, wenn nicht gar verweichlicht. Auch sind Rückenleiden schon im Jugendalter gar nicht selten («Scheuermann» lässt grüssen!).

- Wenn Du Schmerzen verspüren solltest, gib die Übung nicht sofort auf, sondern versuche immer wieder, diese gerade Sitzhaltung einzunehmen. Sie ist medizinisch völlig unbedenklich, im Gegenteil stärkend für eine gesunde Rückenmuskulatur. Dein Rücken wird Dir noch lange dankbar sein. Wer gibt denn schon wegen eines schlichten Muskelkaters seinen Lieblingssport auf?

### Anwendung der Übung im Sitzen («Erste Hilfe bei Stress»)

Wenn Du diese Übung an mehreren Tagen geübt hast, kannst Du sie in abgekürzter Form jederzeit anwenden. Mache sie jedesmal, wenn Du mit Lernen beginnst. Sie hilft Dir auch, wenn Du im Unterricht Konzentrationsprobleme hast. In der Ernstsituation der Prüfung genügt es meist, zu spüren, wo Du mit Händen, Armen und Beinen Kontakt zur Unterlage hast, und einige Augenblicke auf Deinen Atem zu achten. Du kannst dies ganz unauffällig machen (siehe «Erste Hilfe bei Stress»).

**Anleitung für die 2. Übung (sitzend)***
Spüre, wie Du mit den Sohlen Deiner Füsse den Boden berührst. Versuche mit der Haut der Füsse durch Strümpfe und durch die Schuhsohlen hindurch den Boden zu spüren, vielleicht den Teppich, dann den festen Boden. Der Boden gibt Dir Halt, Du «erdest» dich.

Spüre nun die Beine herauf. Wo berühren sie den Stuhl, wo das Gesäss? Deine Schultern sind entspannt, Deine Arme ganz locker. Spüre nach, wie die Hände auf den Oberschenkeln aufliegen: empfindest Du Wärme oder Schwere?

Der Kopf hält sich frei. Du denkst an den Faden, der Dich sanft nach oben zieht, so dass Dein Rücken ohne Anstrengung gerade ist.

Gehe der Atembewegung nach. Der Atem streicht durch die Nase ein und aus. Beobachte, wie der Atem Deinen Körper wellenförmig bewegt. Wo spürst Du den Atem besonders gut? Oben in der Hals- und Brustgegend, im Bauch, im Becken? Manchmal kannst Du die Atembewegung bis in die Finger- und Zehenspitzen hinein verfolgen.

Bleibe jetzt noch ein bis zwei Minuten in dieser angespannten und doch lockeren Haltung. Geräusche von aussen sind Dir ganz gleichgültig. Wenn Dir Gedanken durch den Kopf schwirren, lass sie vorbeiziehen wie ferne Wolken am Himmel. Geniesse die ruhige Atembewegung.

Mache Fäuste, strecke Arme und Beine, gähne herzhaft und öffne wieder die Augen.

## 3. Mentales Training

### «Ich vertreibe negative Gedanken und ermutige mich selbst»

Vom Tonband im Kopf, das negative Gedanken und Angstphantasien abspult, haben wir schon gesprochen. Wenn diese Gedanken Dir

* Kurzanleitung. Eine ausführliche Anleitung findest Du auf der Übungskassette.

ständig im Kopf kreisen, schaden sie Deiner Konzentration, sie ängstigen Dich und verursachen die berüchtigten Blackouts (Denkblockaden). Es ist deshalb enorm wichtig, dass Du all diese negativen Gedanken stoppst und sie durch beruhigende und hilfreiche ersetzt.

Gehe so vor: Suche in der folgenden Liste die Gedanken heraus, die Dich am meisten plagen. Wenn keine genau auf Dich zutreffen, schreibe Deine eigenen negativen und angstmachenden Gedanken auf und formuliere positive dazu.

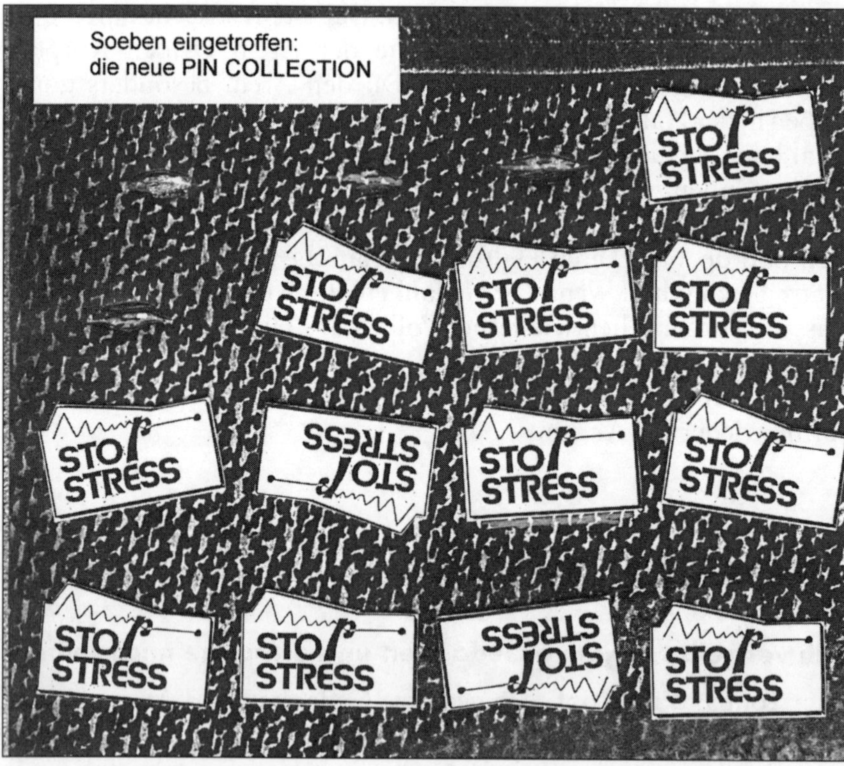


*Stoppe Deinen Stress!*

## 1. Bei der Vorbereitung auf eine Prüfung

| |
|---|
| Wozu muss ich dies überhaupt lernen? Ich brauche es später bestimmt nie!<br><br>**Ich versuche, diesem Fach das Beste abzugewinnen. Vielleicht wird es mir später doch einmal nützlich sein.** |

| |
|---|
| Das begreife ich nie, ich bin einfach zu dumm!<br><br>**Schritt um Schritt schaffe ich es bestimmt.**<br>**Es macht nichts, wenn ich länger brauche, um es zu lernen.** |

| |
|---|
| Ich habe zu wenig gelernt, jetzt geht sicher alles schief!<br><br>**Wenn ich locker bleibe, mache ich das Beste daraus.**<br>**Dann kann ich anwenden, was ich gelernt habe.** |

| |
|---|
| Wenn die merken, dass ich Angst habe, werden sie mich in der Prüfung fertigmachen!<br><br>**Mich kann keiner fertigmachen.**<br>**Ich gebe mein Bestes, und das macht mich sicher.** |

| |
|---|
| Wenn ich keine gute Note habe, wenn ich durchfalle, ist mein ganzes Leben verpfuscht.<br><br>**Auch wenn alles schief geht, werde ich weiterkommen. Es gibt immer eine gute Lösung.** |

Die Eltern werden enttäuscht sein, wenn ich nicht gut bin, sie machen mir sicher Vorwürfe.

**Ich habe mir Mühe gegeben, das begreifen die Eltern bestimmt. Und sonst ist es auch nicht tragisch. Ich sorge lieber dafür, dass ich mir selbst keine Vorwürfe mache!**

## *2. Während der Prüfung*

Die anderen sind sicher viel besser und schneller als ich!

**Ich leiste das, was ich kann, und kümmere mich nicht um die anderen.**

Heute darf nichts schief gehen! Ich darf keinen Fehler machen.

**Wenn ich etwas nicht weiss, geht die Welt nicht unter. Niemand ist fehlerfrei.**

Heute ist mein Pechtag, heute geht alles schlecht!

**Wenn ich ruhig und gelassen arbeite, wird es gut gehen.**

Genau das kommt dran, was ich nicht weiss.

**Ich lese die Frage nochmals ruhig durch, dann fällt mir doch etwas ein.**

### 3. Nach der Prüfung

| |
|---|
| Alles ist misslungen, ich bin sicher durchgefallen.<br><br>**Ich bin froh, dass die Prüfung vorbei ist. Wenn sie nicht so gut gelungen ist, werde ich es das nächste Mal schaffen.** |

| |
|---|
| Ich habe es gewusst, dass ich nichts kann, ich bin einfach ein Versager.<br><br>**Mein Wert hängt nicht davon ab, ob ich gute Noten erhalte oder in der Prüfung durchkomme. Ich lasse mich nicht kleinkriegen.** |

| |
|---|
| Ich habe zu wenig gelernt, deshalb ist es schiefgegangen.<br><br>**Das nächste Mal gelingt es mir bestimmt besser!** |

### 4. Programmiere Dein inneres Tonband positiv!

Vielleicht treffen die obigen Formulierungen nicht genau auf Dich zu. Schreibe hier auf, was für Gedanken beim Lernen und in Prüfungen in Deinem Kopf herumgehen:

| |
|---|
| **Meine negativen Gedanken bei Prüfungen:**<br><br><br><br>**Ich ersetze sie durch positive Gedanken:**<br><br><br><br> |

Lies Dir immer wieder die hilfreichen Gedanken vor, am besten laut. Schreibe sie auf ein kleines Plakat und hänge es an die Pinnwand. Notiere einen positiven Gedanken auf einen Zettel, den Du immer auf Dir tragen kannst (z.B. sichtbar im Portemonnaie).

## 5. Der «Stress-Spickzettel»

Dies ist ein weiteres Hilfsmittel, um Dich seelisch auf die Prüfung vorzubereiten. Schreibe Dir den folgenden Text auf einen Zettel oder eine kleine Karteikarte. Ändere ihn so ab, dass er für Dich stimmt. Lies ihn jeden Tag durch, so dass Du ihn «in- und auswendig» kannst. Wenn Du Dir dabei möglichst lebhaft die Prüfungssituation (Dein Klassenzimmer, Deinen Arbeitsplatz, die Atmosphäre) vorstellst, machst Du geistige «Probeläufe». Wie ein gut trainierter Sportler bereitest Du Dich geistig-seelisch auf den Ernstfall vor.

**Stress-Spickzettel**

Ich bin ganz locker und ruhig. Schritt für Schritt, dann schaffe ich es!

Wenn ich nervös werde, «erde» ich mich mit den Füssen und atme mehrmals ruhig ein und aus.

Zuerst überblicke ich alle Aufgaben. Ich fange nicht überstürzt an, sondern denke ruhig nach.

Nach jeder Aufgabe schaue ich nach, ob ich nicht Flüchtigkeitsfehler gemacht habe.

Wenn ich die Aufgabe gut lösen konnte: «Prima! Schon wieder habe ich einen Schritt geschafft!»

Wenn mich etwas ablenkt: Ich bleibe bei meiner Aufgabe, alles andere ist mir jetzt völlig egal.

Wenn Probleme auftauchen: Ich will mich nicht festfahren. Ich trete innerlich einen Schritt zurück und schaue, ob ich die Aufgabe nicht anders lösen kann.

Wenn es doch nicht klappt: Ich will es später noch einmal probieren, jetzt gehe ich an eine andere Aufgabe.

Am Schluss: Jetzt habe ich es geschafft, ich habe mein Bestes gegeben!

## 4. «Erste Hilfe bei Stress»

### «Ich weiss mir bei Nervosität und Angst zu helfen»

In den ersten drei Schritten des Selbsthilfeprogramms hast Du gelernt, Dich körperlich und seelisch zu entspannen. Inzwischen weisst Du nun auch, wie Du Deine Konzentration verbessern und Deine geistige Aktivität steigern kannst. Negative Gedanken vertreibst Du und ersetzt sie durch positive. Damit hast Du schon sehr viel gegen Deinen Schulstress und Deine Angst vor Prüfungen getan. Du bist gelassener und zuversichtlicher geworden und hast Dich geistig gut auf die Prüfungssituation vorbereitet.

Dennoch musst Du damit rechnen, dass Dich Prüfungen trotzdem noch nervös machen können, vor allem wenn bisher einiges schiefgelaufen ist. In solchen Momenten, wo sich das natürliche Lampenfieber zur Nervosität steigert, ist es gut, eine kleine «Erste Hilfe bei Stress» bereit zu haben: Es handelt sich um eine abgekürzte Form der sitzenden Übung.

«Erste Hilfe bei Stress»

**Vor der Prüfung**

Auf dem Weg zur Prüfung oder vor dem Prüfungszimmer «erde» Dich bewusst, indem Du nachspürst, wie Deine Füsse Kontakt zum Boden haben. Falls Du im Tram oder im Bus fährst, nimm wahr, wo Dein übriger Körper Kontakt zur Umwelt (z.B. Sitz, Wand) hat. Lass Spannungen durch die Füsse hindurch in den Boden abfliessen. Atme mehrmals kräftig ein und aus.

**In der Prüfung**

«Erde» Dich: Nimm erst wahr, wie Deine Füsse Kontakt zum Boden haben (stelle sie bewusst auf den Boden, erde Dich). Wie spürst Du den Stuhl? Womit berührst Du den Tisch? Wie hältst Du Deinen Schreibstift? Spannungen lasse in Boden, Stuhl und Tisch abfliessen.

Atme durch: Mehrmals kräftig ein- und ausatmen. Stoppe aufkommende negative Gedanken energisch. Sprich Dir innerlich zu: «Ich bin ganz locker und ruhig. Schritt für Schritt, dann schaffe ich es!»

*«Erste Hilfe» bei Stress*

Du kannst Dir eigene Formulierungen ausdenken (siehe Seite 103). Vielleicht vergisst Du vor lauter Nervosität, dass Du eine «Erste Hilfe bei Stress» bei Dir hast. Dann hilft Dir ein Klebezettel mit einer Notiz (z.B. «Help!») oder ein Maskottchen, das Du Dir aufs Pult stellst. Du kannst diese Erste-Hilfe-Übungen ganz unauffällig machen: ausser Dir wird kein Mensch etwas davon merken.

## Nun bist Du am Schluss des Trainingsprogramms

Nun weisst Du also Bescheid über das ganze Selbsthilfeprogramm. Vielleicht hat Dir die Lektüre dieses Kapitels schon etwas weitergeholfen. Wenn Du aber wirklich ernsthaft Deinen Stress abbauen willst, musst Du noch einen Schritt weitergehen. Denn Du kannst auch nicht nur ein Buch über Stabhochspringen lesen, wenn Du in dieser Sportart zur Spitzenklasse aufsteigen willst.

Entschliesse Dich, noch heute mit dem Trainingsprogramm anzufangen, und schon bald wirst Du Dich Deiner «Siege» freuen dürfen. Trainiere beharrlich und gib vor allem nicht bei ersten Schwierigkeiten auf.

Ich hoffe, dass die Jugendlichen, die den Selbsthilfekurs «Frei von Prüfungsstress» besucht haben, Dich dazu anspornen können.

## Mir hat es geholfen!

Wie beurteilen die Jugendlichen das Selbsthilfeprogramm?

Gesprächsleiter: *Wie geht es Euch heute am letzten Kursabend? Wie steht es mit dem Stress? Hat der Kurs Euch geholfen?*

Andreas: *Bei mir gibt es im Moment gar keinen Stress. In den letzten paar Prüfungen, die ich gemacht habe, ist es mir viel besser gegangen. Ich weiss nicht, woran das liegt. Irgendwie... die Noten sind besser geworden, und ich bin das Ganze gemütlicher angegangen.*

Brigitte: *In der Schule ist es irgendwie kein Problem mehr, aber die Motivation ist immer noch nicht so ganz da. Immer wieder verlockt es mich zum Schwänzen und blockierende Gedanken kommen.*

Mike: *Bei mir ist die Motivation irgendwie mehr da als vorher, aber immer noch nicht optimal.*

Brigitte: *Ich habe jetzt kürzlich bei einer Prüfung zu wenig Spannung gehabt. Ich war nicht so konzentriert und hatte gar keine Energie, obwohl es eigentlich ein Thema gewesen wäre, worüber ich noch viel gewusst hätte. Aber ich dachte mir: «Ach, der Kommunismus, das kennst du ja; und schreibst irgend etwas.» Ich war so unzufrieden, als ich es abgab. Wenn ich es hätte bewerten müssen, hätte ich mir sicher eine ungenügende Note gegeben. Aber ich habe immerhin eine 4 bekommen. Dabei war ich so durcheinander und unsicher, aber es war kein Stress.*

Anita: *Genau das habe ich in einer Lateinprüfung erlebt. Ich ging viel zu locker daran, und es stimmt, es ist genau wie bei der Kurve, die Sie gezeigt haben. Wenn du nicht angespannt bist, sind die Leistungen geringer.*

Gesprächsleiter: *Ich möchte jetzt zu einem Rückblick kommen und Euch fragen, was könnt Ihr von diesem Kurs brauchen? Welche Anregungen könnt Ihr verwenden und wo war es eher schwieriger?*

Andreas: *Ich habe vor allem profitiert vom Austausch in der Gruppe, von den Gesprächen. Mit den Entspannungsübungen habe ich etwas Mühe gehabt. Vielleicht habe ich auch zu wenig geübt?*

Pierre: *Eine Übung habe ich kürzlich in der Schule angewendet: Am Montag habe ich in der Mathe-*

*matik-Prüfung fast ein Blackout bekommen. Da habe ich mir zugesprochen: «Du musst dich jetzt beruhigen.» Das hat mir geholfen.*

Andreas: *Wenn ich jetzt ganz konkret sagen müsste, welche Übung mir am meisten geholfen hat, könnte ich das jetzt nicht angeben. Aber allgemein hat es mir viel gebracht. Ich bin ruhiger geworden beim Arbeiten.*

Brigitte: *Am Samstag hatte ich eine Mathe-Prüfung, und da war es ideal. Das Gefühl nach der Prüfung war gut. Ich hatte vorher noch nie eine genügende Note in Mathematik. Das war meine beste Note, und das hat mich völlig aufgestellt.*

Pierre: *Bei mir war gut, dass ich einmal gemerkt habe, dass ich nicht der einzige bin mit diesen Knörzen. Wie ich schon gesagt habe, bin ich in einer guten Klasse, und ich habe noch nie Leute gesehen, die auch so einen Stress haben. Ich habe auch ein paar Leuten erzählt, dass ich so einen Kurs mache, und jetzt merke ich, wie sie darauf ansprechen und mich fragen, ob ich ihnen die Kassette ausleihen könnte. Ich habe gemerkt, dass eigentlich viele auch Hilfe brauchen könnten, dies aber nicht zugeben. Ich habe den Kurs recht positiv erlebt und viel profitiert.*

Brigitte: *Aber bei mir ist es in der Klasse eher umgekehrt. Die denken von mir: «Ach, diese Psycho-Frau!» Vielleicht geben sie mir gegenüber einfach nicht zu, dass ihnen so etwas auch gut tun würde. Das ist so eine Streber-Klasse!*

Mike: *Ich weiss nicht, ob meine Klassenkameraden den Kurs toll finden würden. Aber ich glaube, er hat mir viel gebracht.*

Brigitte: *Ich habe mehr Selbstvertrauen und merke, dass es mir irgendwie besser geht.*

# So vermeide ich Stress

Mit dem Selbsthilfeprogramm ist es Dir gelungen, den grössten Stress beim Lernen und die Nervosität in den Prüfungen abzubauen. Jetzt suchst Du nach Möglichkeiten, dass Du in Zukunft Stress und Prüfungsangst von vornherein vermeidest.

Es könnte aber auch sein, dass Dein Stress-Check ergeben hat, dass Du nicht sehr stark unter Stressbelastung leidest. Aber trotzdem möchtest Du künftig lockerer und freier sein bei schriftlichen und mündlichen Prüfungen oder bei Vorträgen.

Wie auch immer, die folgenden Tips helfen Dir, die Stress-Belastung auf ein Minimum zu beschränken. Über die Stress-Vermeidung beim Lernen haben wir schon gesprochen (Kapitel «Stress beim Lernen», siehe Seite 25), bei den folgenden Anregungen geht es ganz speziell um Prüfungen und Vorträge.

## 1. Bei der Vorbereitung auf Prüfungen

• Vor wichtigen Prüfungen übe immer wieder den «Ernstfall». Schreibe für Dich oder in einer Lerngruppe Probeprüfungen mit ähnlichen Aufgaben, wie sie in der Prüfung verlangt werden. Arbeite auch unter Zeitdruck, um möglichst den Ernstfall zu simulieren. Bitte die Lehrerin, den Lehrer, solche Probeprüfungen mit Euch durchzuführen. Es ist erfreulich, dass in vielen Maturitätsschulen diese Probeläufe schon die Regel sind. Wenn Du die Möglichkeit hast, das Prüfungslokal schon vorher aufzusuchen, um Dich in die Prüfungssituation hineinzuversetzen, hast Du viel für den Stressabbau getan.

• Wenn beim Lernen negative Gedanken aufkommen wie z.B.: «Das schaffe ich nie» oder «In Mathe bin ich wirklich eine Niete!», stoppe diese Gedanken sofort und ersetze sie durch positive, z.B.: «Ich schaffe es bestimmt, nur ruhig Schritt für Schritt.»

• Du hast durch dieses Buch erfahren, dass Lampenfieber eine ganz normale Erscheinung ist. Wenn Du bereits bei der Vorbereitung der Prüfung nervös wirst, mache die im Selbsthilfeprogramm vorgeschlagene Entspannungsübung.

• Lass die Finger von Beruhigungsmitteln, Alkohol oder Haschisch! Sie können Dir schaden. Dein subjektiver Stress wird damit zwar gedämpft, aber Du bist unaufmerksam, Deine Konzentration lässt nach, auch sind Deine Reaktionen verlangsamt. Falls Du in der Prüfung Erfolg hast, wirst Du ihn diesen «Hilfsmitteln» zuschreiben. War es ein Misserfolg, gibst Du natürlich den Medikamenten oder dem Alkohol schuld. Du hast die Chance verpasst, zu erleben, dass auch heftiges Lampenfieber von alleine verschwindet.

• Am Morgen vor der Prüfung stehe nicht zu spät auf, gönne Dir eine Dusche oder eine Entspannungsübung. Iss und trink so viel oder so wenig, wie es nach Deiner Erfahrung für Dich gut ist.

• Auf dem Weg zur Schule oder zum Prüfungsort gehe bewusst eine Strecke zu Fuss, atme mehrmals tief durch, spüre Deinen Körper und sprich Dir selber ermunternd zu.

• Vermeide jetzt den Kontakt mit nervösen Kolleginnen oder gestressten Kollegen, die Dich mit ihrer eigenen Panik nur verunsichern können.

## 2. In der schriftlichen Prüfung

• Bevor Du die Prüfungsaufgaben durchliest, konzentriere Dich einen Augenblick auf Dich selber. Spüre Dich durch, atme tief und ruhig. Falls Du sehr aufgeregt bist, nimm Dir jetzt in Ruhe mehr Zeit. Diese 1–2 Minuten für die Konzentrationsübungen sind nicht verloren. Im Gegenteil: mehr Zeit verlierst Du, wenn Du aus lauter Nervosität Flüchtigkeitsfehler machst oder wenn Dir vor Panik das Denken blockiert.

• Beginne mit der Prüfungsfrage, die Dir am leichtesten fällt (falls die Reihenfolge frei ist). Denn damit schaffst Du Dir ein gewisses Erfolgserlebnis.

• Mache Dir auf einem Notizpapier einige Notizen, um später eine angemessene Gliederung finden zu können (wichtig bei Aufsätzen).

• Lies die Frage ganz genau durch. Versuche genau zu verstehen, was gefragt ist.

• Sobald Du nervös und unruhig wirst, atme mehrmals tief ein und aus, spüre Dich wieder kurz durch und rede Dir beruhigend zu. Falls Du einmal doch eine «Mattscheibe» (Denkblockade) bekommst, wende die «Erste Hilfe bei Stress» an.

• Nimm Dir vor dem Schluss noch einmal Zeit, das Geschriebene zu überfliegen.

• Jetzt bist Du wahrscheinlich ausgepumpt, vielleicht auch überdreht, jedenfalls aber erleichtert. Vermeide es jetzt, mit Dir ins Gericht zu gehen, mit Dir selbst überkritisch zu sein. Selbst wenn die Prüfung für Dich ein Misserfolg war: Du hast Dein Bestes gegeben. Wenn nicht, bereite Dich für das nächste Mal besser vor!

## 3. In der mündlichen Prüfung

• In der Wartezeit kurz vor der mündlichen Prüfung: «Erde» Dich! Stelle Dich fest auf beide Füsse und spüre den Kontakt zum Boden. Atme mehrmals tief ein und aus.

- Wenn Du eine schriftliche Frage oder einen Text erhältst, nimm Dir Zeit, ihn sorgfältig durchzulesen.

- Frage ruhig nach, wenn Du etwas nicht verstanden hast. Wenn Du unsicher bist, schweige nicht vor Dich hin, sondern versuche, die Frage in einer etwas anderen Form zu wiederholen. Z.B.: «Habe ich richtig verstanden, dass ich über die gesellschaftlichen Gründe, die zur französischen Revolution führten, berichten soll?»

- Sprich, auch wenn Du etwas unsicher bist, laut und deutlich.

- Versuche nicht, Dein Lampenfieber durch Arroganz oder eine gewisse Schnoddrigkeit zu überspielen.

- Eine Abschlussprüfung ist nicht der Moment, die Erwachsenenwelt durch eine besonders provokative Aufmachung zu schockieren. Deine neue Frisur oder Dein lässiges Make-up kannst Du bei einer anderen Gelegenheit zeigen. Kleide Dich auch nicht auffällig.

## 4. Bei Vorträgen

- Du weisst inzwischen, dass Lampenfieber zu jedem Vortrag gehört. Diese zwar unangenehme Spannung hilft Dir, aufmerksam und geistesgegenwärtig zu sein. Lampenfieber ist das Signal, dass Deine Energiebatterie voll aufgeladen ist.

- Erinnere Dich an einen erfolgreichen Vortrag oder an eine Rolle, die Du gut gespielt hast.

- Sei sicher, dass Dir Deine Zuhörer freundlich gesinnt sind. Selbst Deine Lehrerin, Dein Lehrer wollen Dich nicht verunsichern oder gar hereinlegen.

- Bald ist es soweit! Dein Mitschüler hat sein Referat beendet, die Lehrerin einleitende Worte gesprochen. Diese Momente des angespannten Wartens sind besonders hart zu ertragen. «Erde» Dich, nimm wahr, wie Du da sitzt oder stehst, atme tief ein und aus. Konzentriere Dich auf die Worte Deiner Vorredner.

- Der Gang nach vorne: Nun bist Du ganz auf Dich selber angewiesen. Alle Augen richten sich auf Dich. Es ist jetzt wichtig, Dich in diesen Sekunden auf Dich selbst zu konzentrieren. Erhebe Dich ruhig von Deinem Platz, überprüfe noch kurz Deine Kleidung. Gehe jetzt ohne Hast nach vorne. Halte Dich beim Gehen aufrecht, den Kopf gerade. Vermeide, über irgendwelche Kabel zu stolpern (es sei denn, Du hättest dies als humorigen Gag eingeplant). Atme tief ein und aus.

*Ruhig und gelassen bei Vorträgen*

• Wenn Du vorne angekommen bist, lege Dein Manuskript hin, schlage es auf. Stelle Dich fest auf beide Füsse. Nimm kurz wahr, wie Du dastehst, atme nochmals ruhig ein und aus und blicke erst jetzt Dein Publikum an. Diese kleine Pause ist nicht nur für Dich, sondern auch für Deine Zuhörer wichtig. Sie sammeln sich jetzt innerlich.

• Vor allem zu Beginn bemühe Dich, langsam und deutlich zu sprechen. Die allermeisten Redner begehen den Fehler, aus lauter Aufregung zu schnell zu sprechen. Manchmal erwecken sie damit den Eindruck, sie möchten das Referat möglichst bald hinter sich haben.

• Das Geheimnis eines gut verständlichen Vortrags liegt weitgehend in der Vorbereitung: Keine Bandwurmsätze, nicht zu viele Fremdwörter, kein Durcheinander an Gedanken. Beachte, dass eine Rede keine «Schreibe» ist: Die meisten geschriebenen Texte eignen sich nicht zum Vortragen. Bearbeite also Deinen Text vorher, indem Du ihn Dir laut vorliest und so veränderst, dass er wirklich verständlich ist.

• Beim Vortragen geht es nicht darum, die Worte möglichst langsam und deutlich auszusprechen. Wichtig ist ein lebendiges Sprechen. Mache immer wieder kleine Pausen nach Sätzen, Gedanken und Abschnitten! Deine Zuhörer brauchen schliesslich auch Zeit, das Gesagte aufzunehmen. (Lies einmal diesen Abschnitt, indem Du nach jedem Punkt zwei Sekunden Pause machst.)

• Bei längeren Pausen löse Dich vom Manuskript und schaue die Anwesenden an. Folgendes hat sich bewährt: Nimm mit einer Person Blickkontakt auf, die Dir besonders freundlich gesinnt ist. Dies mag eine nette Mitschülerin sein oder jemand, der besonders lebhaft mit Deinem Vortrag mitgeht.

• In jedem Vortrag können grössere und kleinere Pannen passieren. Stelle Dich darauf ein, dass dies ganz normal ist und einfach dazugehört. Ein Versprecher in einem Vortrag erweckt eher Sympathie. Die Zuhörer fühlen sich mit Dir menschlich verbunden. Lass Dich auch nicht verunsichern, wenn jemand lachen sollte. Oft wirkt ein Versprecher einfach komisch. Lache mit! Auch wenn Dir nicht ganz klar wird, was geschehen ist.

- Wenn Dir ein Versprecher passiert, nimm ihn gelassen hin und fahre am besten weiter, als sei nichts geschehen. (Vermeide es zum vornherein, Zungenbrecher in Dein Referat aufzunehmen.) Spätestens jetzt wird Dir klar, dass Du Dich am besten vorbereitest, wenn Du das Referat mindestens einmal laut gelesen hast. Vielleicht hören Dir Deine Eltern, Geschwister oder auch Schulkollegen bei der Probe zu.

- Du bist jetzt mit Deinem Vortrag zu Ende. Nach dem letzten Satz hebe den Kopf, schaue die Anwesenden noch einmal an. Wenn es Dir danach zumute ist, lächle freundlich. Falls Dir dies nicht gelingen sollte, lächle wenigstens aus Erleichterung, es geschafft zu haben! Zum Schluss vermeide die abgedroschene Abschiedsformel: «Ich danke Euch für Eure Aufmerksamkeit.»

- Dein Abgang von der «Bühne» sei ebenso würdig wie Dein Auftritt. Sei wieder ganz bei Dir, spüre Dich und Deinen Atem. Auch wenn Du den Eindruck gewonnen haben solltest, Dein Referat sei irgendwie misslungen, stärkt dieser gesammelte Abgang Deine Selbstsicherheit.

- Jetzt bist Du wahrscheinlich ausgepumpt, vielleicht auch überdreht, jedenfalls aber erleichtert. Vermeide es jetzt, mit Dir ins Gericht zu gehen, mit Dir selbst überkritisch zu sein. Selbst wenn der Vortrag für Dich ein Misserfolg war, Du hast Dein Bestes gegeben. Wenn nicht, bereite Dich für das nächste Mal besser vor!

Hast Du bemerkt, dass Dein Lampenfieber plötzlich nicht mehr da war? Schon nach den ersten Sätzen wurdest Du ruhiger. Je mehr Du Dich auf Dein Thema konzentrieren konntest, desto leichter fiel es Dir.

**Übe Dein Redetalent!**

Suche jede Gelegenheit, Deine Redefähigkeit zu üben. Überwinde Deine Redehemmung in einer Jugendgruppe, einem Verein, in einer politischen Versammlung. Wenn ihr eine Theateraufführung plant, melde Dich für eine Rolle. Falls Du Dich andauernd vor solchen Übungsmöglichkeiten drückst, wird es Dir nie gelingen, öffentlich etwas zu sagen, z.B. im Vereinsleben oder in Kirchgemeinden.

In den meisten Berufen ist es nötig, vor kleineren und grösseren Gruppen zu sprechen: Du musst Begrüssungs- oder Abschiedsworte an ein Team richten, Berichte vorlegen, Referate vor einem grösseren Publikum halten. Selbst im Familienkreis wirst Du einmal froh sein, an einem Fest eine kleine Tischrede halten zu können.

Hausfrauen und Mütter haben heutzutage oft Gelegenheit, vor einer grösseren Gruppe zu sprechen, z.B. im Quartierverein, einer Elterninitiative oder einer Müttergruppe. Da helfen ihnen ihre bisherigen Erfahrungen.

Selbst wenn Du Dich für völlig ungeeignet hältst, eine Rede zu halten, denke daran, wie es dem berühmtesten Redner aller Zeiten, Demosthenes, ergangen ist. Er litt seit frühester Jugend unter einem Sprachfehler. Doch verkroch er sich nicht in ein Fass wie sein Zeitgenosse Diogenes, sondern trainierte sich am Meeresstrand. Er nahm Kieselsteine in den Mund und schrie seine Reden in die Brandung. Auch Du wirst mit jedem Vortrag, jedem öffentlichen Auftritt sicherer.

**Zusammenfassung Kapitel 6: So vermeide ich Stress**

Es gibt bewährte Tips und Tricks, die Dir helfen, den Stress zu vermeiden, wenn Du auf eine Prüfung lernst.

In diesem Kapitel erfährst Du auch, wie Du Dich in schriftlichen und in mündlichen Prüfungen verhalten sollst und wie Du es anpacken musst, damit Dein Vortrag zum Erfolg wird.

# Nur für Erwachsene?

Dieses Buch wurde zwar für Jugendliche geschrieben. Das folgende Kapitel richtet sich aber in erster Linie an Eltern, Lehrerinnen, Lehrer und Personen aus dem Bereich der Beratung. Natürlich schadet es auch Jugendlichen nicht, es zu lesen und es vielleicht Eltern oder Lehrern zur Lektüre zu empfehlen. In diesem Falle wäre es anzuraten, miteinander ins Gespräch zu kommen über das Thema Schulstress und Prüfungsangst.

## 1. Schulstress und Familie

Liebe Eltern

Ihre Tochter, Ihr Sohn leidet unter Schul- und Prüfungsstress. Sie leiden bestimmt mit! Vielleicht fragen Sie sich, was Sie als Eltern tun können, um Ihr Kind vor Misserfolg und Versagen in der Schule zu schützen oder ihm mehr Freude an der Schule zu vermitteln.

Darf ich Ihnen vorerst ein neues Gesellschafts-Spiel vorstellen? (siehe S. 120) Dieses Spiel wird in unzähligen Familien gespielt. Sie haben es gemerkt: es handelt sich nicht etwa um ein Gesellschaftsspiel, eine Art Monopoly, sondern um den Alltag in vielen Familien.

Mit dieser Spielphantasie ging es mir darum, aufzuzeigen, dass die ganze Familie, ja Verwandtschaft und Umgebung bei diesem Spiel Schulstress mitspielen. Im «Teufelskreis Lernstörungen» oder, wie ich es eben nannte, in der «Versagerspirale» ist die ganze Familie mitbetroffen.

Da sind einmal die Eltern, denen es schwerfällt, sich einzugestehen, dass sie hohe, vielleicht überzogene Erwartungen an ihre

## Schulstress
## Ein Gesellschaftsspiel für die ganze Familie ©*

Mitspieler: Eltern, Kinder, aber auch Grosseltern,Verwandte und Nachbarn.
Alter: Zwischen 1 und 99 Jahren.

**Beschreibung**
In diesem spannenden Strategie-Spiel geht es darum, den Schülerfiguren eine erfolgreiche Schulkarriere abzusichern.
Besonders interessant wird das Spiel, weil die Elternfiguren parallel zum Schulwettlauf der Schülerfiguren eigene Karrieren machen können, die sich je nach Verlauf günstig oder ungünstig auf den Spielverlauf auswirken.

Zum **Spielmaterial** gehören Erwartungskarten, Ereigniskarten, Bonus-Karten, Motivations- und Demotivationskarten, aber auch Spielgeld.

Das Spiel beginnt mit dem Ziehen der **Erwartungskarten**. Z.B.: «Mein Sohn muss Akademiker werden, weil ich damals die Chance verpasst habe.» Oder: «Meine Tochter darf alles werden, nur nicht Coiffeuse.» Oder: «Mein Kind soll etwas Vernünftiges lernen und nicht studieren.» Oder: «Seit Generationen sind wir in unserer Familie Finanzgenies.» Die Eltern- und Erwachsenenfiguren halten diese Karten verdeckt auf ihrem Stapel und spielen sie erst in gewissen Situationen des Spieles aus. Es macht den Reiz dieses Spieles aus, dass die Schülerfiguren längere Spielstrecken ungewiss sind über die Erwartungen der ihnen zugeordneten Elternfiguren.

An gewissen Stellen des Spielverlaufes sind die sogenannten **Ereigniskarten** zu ziehen. Ein paar Müsterchen:
- «Die Eltern streiten sich; drei Schritte zurück.»
- «Umzug der Familie: Schulwechsel, daher eine Runde aussetzen.»

Es gibt aber auch kleinere Ereignisse, z.B.:
- «Schönes Wetter, Du gehst schwimmen: zwei Noten Abzug in Mathematik, drei Schritte zurück.»
- «Du verliebst dich: drei Felder vorrücken.»

Wenn ein Spieler mehrere ungünstige Ereigniskarten gezogen hat, muss er den Weg in die Versagerspirale antreten. Nun ist entscheidend, ob er **Motivations- oder Demotivationskarten** ziehen kann, wie z.B.:
- «Dein kleiner Bruder bringt ein glänzendes Zeugnis heim: 3 Schritte abwärts.»
- «Deine Mutter lobt Dich, weil Du Freude am Englisch hast: 4 Schritte aufwärts.»

Die Elternfiguren müssen eine Strategie entwickeln, wie sie eine Schülerfigur, die sich in der «Versagerspirale» verirrt hat, herausretten können. Falls zu diesem Zeitpunkt in der Familienbank noch genug Geld vorhanden ist, können gewisse **Dienstleistungen** erkauft werden, die den weiteren Absturz verhindern sollen.
- «Nachhilfestunden in Französisch: Zahlen Sie in jedem Spielabschnitt Fr. 200.– ein.»
- Etwas teurer kommt folgende Karte: «Jahresaufenthalt in einem Töchterpensionat in der französischen Schweiz: Zahlen Sie Fr. 25 000.– in die Spielbank ein.

Wenn je nach Spielverlauf das Familienbudget für solche Dienstleistungen bereits überzogen ist, kann versucht werden, gezielt die Motivationskarten einzusetzen.

- «Aufbauendes Gespräch der Eltern mit dem Sohn: 10 Schritte aufwärts.»
- «Der Vater gesteht, dass er selber Schulprobleme hatte: 3 Schritte aufwärts.»

Dieses spannende und oft aufregende Spiel endet mit einer **Schlussbilanz**: Die Gewinner freuen sich über die im Spielmaterial vorhandenen, wie echt wirkenden Abschlusszeugnisse und Diplome. Dass bei diesem Spiel einige Verlierer auf der Strecke bleiben, ist aus pädagogischen Gründen sogar beabsichtigt: Auch Verlieren muss schliesslich gelernt sein.

* Idee vom Verfasser

Sprösslinge haben, dies aber nicht offen ausdrücken, sondern ihrem Kind auf irgend einem Weg mitteilen: «Ich habe Dich nur gern, wenn Du Erfolg in der Schule hast.»

Dies beginnt, wenn für gute Zeugnisnoten Geld ausbezahlt wird, oder wenn gute Schulleistungen überschwenglich gelobt werden und andere «Leistungen» nicht beachtet werden, wie z.B. wenn ein Mädchen viel Zeit braucht, um ihrer Freundin über eine Krise hinwegzuhelfen.

All diese ausgesprochenen, aber meist unausgesprochenen Erwartungen der Eltern werden eines Tages von den Kindern als eigene übernommen. Dies betrifft auch die negativen Wertungen. Aus dem: «Du bist faul» wird eines Tages: «Ich bin eben faul und finde das lässig.» Oder im noch negativeren Sinne werden die Vorwürfe der Eltern als negative Monologe im Hinterkopf gespeichert und spulen in allen möglichen und unmöglichen Situationen automatisch ab: «Ich bin dumm, ich kapiere nichts, ich werde es nie zu etwas bringen...»

Die Erwartungen der Eltern müssen sich natürlich nicht immer negativ auf die Kinder auswirken. Für sie ist es ermutigend und aufbauend, wenn die Eltern Hoffnung in sie gesetzt haben, an sie glauben und eine positive Zukunft vor ihnen sehen. Sie können zu guten Helfern in Schulkrisen werden, indem sie ihre Kinder unterstützen und in schweren Zeiten begleiten und ermutigen.

Dass auch Geschwister eine Rolle im Schulstress haben können, wurde im Stress-Spiel eben erwähnt. Geschwisterkonkurrenz, Wettbewerbsdenken unter den Kindern wirken sich nur selten positiv aus, auch wenn man daran denkt, dass sich diese Kinder später im Leistungswettbewerb behaupten müssen. Eifersucht, Neid und Missgunst sind stark demotivierend und blockieren Energien. Ein erfolgreicher älterer Bruder wird es den jüngeren Geschwistern schwer machen, besonders, wenn irgend ein Handicap (z.B. eine Lese- und Rechtschreibeschwäche) den Schulerfolg behindert. Ein grosses Hemmnis sind auch die sozialen Erfolge der so strahlenden und charmanten Nachzügler, die überall beliebt sind und von allen verwöhnt werden, während das ältere Kind durch seine verschlossene (introvertierte) Art eher Schwierigkeiten hat, bei der Umwelt anzukommen.

Ich schlage Ihnen vor, sich zu überlegen, welches Stress-Spiel in Ihrer Familie gespielt wird: Was steht auf Ihren Erwartungskarten? Welche Ereigniskarten hat Ihr Kind heute gezogen? Wie motivieren Sie Ihre Tochter, Ihren Sohn?

## 2. Tips für Eltern

• Wenn Ihr Kind unter Prüfungsangst leidet, klären Sie zuerst folgende Fragen ab:
- Ist Ihr Kind in der «richtigen Schule», d.h. in der Schule, die seiner Intelligenz und seinen Begabungen entspricht? Ist es im betreffenden Schultypus begabungsmässig überfordert oder unterfordert? Wäre der Übertritt in eine Schule sinnvoll, die seinen Talenten und Neigungen besser entspricht?
- Hat es Probleme mit Lehrpersonen oder gar Angst vor ihnen?
- Kann es ökonomisch lernen, d.h. sind seine Arbeits- und Lernmethoden effizient?

Falls Sie keine zufriedenstellende Antwort auf diese Fragen finden oder zum Schluss kommen, dass eine tiefergehende Lern- und Motivationsstörung vorliegt, ziehen Sie psychologische Fachleute bei (z.B. den Schulpsychologischen Dienst oder privat tätige Psychologinnen und Psychologen).

• Ist Ihnen klargeworden, dass Ihr Kind in einer weiterführenden Schule überfordert ist, wählen Sie einen «einfacheren» Schultypus.

Es geht um die Zukunft Ihres Kindes und nicht um irgendwelche Status- oder Prestigefragen.

• Eine «höhere» Schule ist nicht unbedingt eine «bessere» Schule für Ihr Kind. Was nützt eine Maturität, wenn Jugendliche nachher ziellos herumstudieren oder gar «aussteigen», weil sie den Druck der Gesellschaft nicht mehr aushalten?

• Erkundigen Sie sich nach Kursen über Lernmethoden und Stressbewältigung.

• Wenn Ihr Kind von Prüfungsängsten geplagt wird, ist sein Selbstwertgefühl durch die vielen Misserfolge angeschlagen. Jeder Druck oder auch Vorwürfe Ihrerseits sind kontraproduktiv. Vermitteln Sie Ihrer Tochter, Ihrem Sohn das Gefühl, trotz schlechter Noten kein schlechter Mensch zu sein.

• Sie fördern die Motivation Ihres Kindes, wenn Sie weniger die guten Noten loben als seine Freude und seinen Einsatz in einem bestimmten Fach. Anerkennen Sie und aktivieren Sie das Interesse am Schulstoff.

• Helfen Sie Ihrem Kind, sein Berufsziel zu finden. Wer ein Ziel vor Augen hat, wird motivierter lernen und auch Durststrecken beim Lernen besser überwinden. Nehmen Sie die Angebote der Berufsberatung wahr (allgemeine Berufsinformation, persönliche Beratung, psychologische Untersuchung).

• Verschaffen Sie Ihrem Sohn, Ihrer Tochter Erfolgserlebnisse auch ausserhalb der Schule. Es hat sich niemals bewährt, elterlicherseits Freizeitaktivitäten zu verbieten, «bis das Zeugnis besser wird». Wenn jede Freude am Leben eingeschränkt wird, sinkt auch die Lernmotivation. Sicher ist es vor entscheidenden Prüfungen sinnvoll, eine gewisse Überaktivität in der Freizeit einzuschränken (z.B. Spitzensport).

• Anerkennen Sie bei Ihren Kindern ausserschulische Begabungen oder Interessen, die nicht mit Schulnoten bewertet werden können, z.B. Einfühlungsvermögen für andere Menschen, Freude an Musik, sportliche Begabung, Engagement in einer Jugendgruppe oder einer Umweltorganisation, Hilfsbereitschaft, Mut, Kreativität.

• Sie waren gut beraten, als Sie schon in der Primarschule die Selbständigkeit Ihres Kindes beim Lernen und Aufgabenmachen förderten. Elterlicher Druck und dauernde Kontrolle sind für jüngere Kinder zwar kurzfristig wirksam, versagen aber spätestens in der Pubertät.

Wie sollen Eltern ihren Kindern beim Lernen helfen? Je länger, desto mehr wird in der Schule Wert auf Selbständigkeit gelegt. An Elternabenden wird immer wieder betont, dass die Kinder die Aufgaben selber bewältigen sollen. Für die meisten Eltern ist dies einsichtig, bis ihr Kind in eine weiterführende Schule kommt und schlechte Noten heimbringt. Nun geraten sie in Panik und versuchen mit übermässiger Kontrolle und Hilfestellungen, das Kind zu besseren Zensuren zu bringen. Daher noch folgende Anregungen:

• Jüngere Kinder schätzen es, wenn sich ein Elternteil bei den Aufgaben in der Nähe aufhält. Lassen Sie aber schon den Erstklässler seine Aufgaben selbständig machen, sehen die Hefte nach, aber geraten Sie nicht in die Rolle eines Hilfslehrers. Auch wenn Ihr Kind zu Besserem geboren ist, darf es Fehler machen. Die Lehrerin wird froh sein, wenn auch fehlerhafte Aufgaben zurückkommen, denn daran kann sie feststellen, was noch mehr geübt werden muss.

• Mit zunehmendem Alter wollen die meisten Kinder nicht mehr so kontrolliert oder gar gegängelt werden. Sprechen Sie mit Ihrer Tochter, Ihrem Sohn, welche Hilfestellungen von den Eltern gewünscht werden (z.B. schätzen es auch ältere Jugendliche, wenn die Eltern ihnen Vokabeln abhören). Treffen Sie gemeinsam eine Vereinbarung und sorgen Sie alle dafür, dass sie eingehalten wird.

• Ein Wort an die Mütter: In unserer Leistungsgesellschaft werden vor allem die Mütter für die Erziehung und den Schulerfolg der Kinder verantwortlich gemacht. Hat Ihr Sohn ein gutes Zeugnis heimgebracht, dann klopft sich der Vater auf die Schultern: «Mein Sohn hat meine Begabung geerbt!» Sind aber die Noten schwach, bekommt die Ehefrau zu hören: «Warum hast Du nicht besser mit ihm gelernt?» Lassen Sie sich als Mütter nicht unter Druck setzen. Nicht Sie, sondern die Kinder, die Jugendlichen sind verantwortlich dafür, was sie lernen.

- Sollte Ihr Kind Lernprobleme haben, dann lohnt es sich, auch einmal einen Vater einzuspannen. Doch Vorsicht: Manche Väter (aber auch Mütter) übernehmen leider allzuoft veraltete Lehrmethoden. Im Grunde genommen üben sie die Lehrerrolle aus, die sie früher selber erlebt und erlitten haben: Wissen wird mit Strenge, Tadel und Androhung von Strafe eingepaukt.

- Eltern sollen niemals den Kindern das Lernen abnehmen, sie können aber für eine gute Lernatmosphäre sorgen: fester Arbeitsplatz, wenig Ablenkung, regelmässiger Aufgabenrhythmus.

- Familiäre und eheliche Spannungen wirken sich vor allem bei sensiblen Kindern negativ auf die schulische Leistungsfähigkeit aus. Versuchen Sie diese Probleme zu lösen (evtl. mit Hilfe einer Beratung). Bleiben Sie vor allem im Pubertäts- und Ablösungsalter im Gespräch mit den Jugendlichen.*

- Sprechen Sie mit Ihrer Tochter, Ihrem Sohn über die Schulprobleme. Versuchen Sie zuzuhören wie ein guter Freund, ohne sofort zu werten, zu belehren oder Ratschläge zu erteilen.

- Bei Lernproblemen ist es ratsam, Aussenstehende (Verwandte, Schüler, Studenten, Lehrerinnen) für eine Nachhilfe beizuziehen. Wegen der zu grossen emotionellen Nähe zwischen Eltern und Kind sind Konflikte beim Lernen die Regel. Da in der Zeit des Erwachsenwerdens ohnehin genug Zündstoff in der Familie lagert, ist es ratsam, sich hier nicht zu überfordern.

* Eine Hilfe kann das Buch des Autors sein: «Wenn Kinder erwachsen werden, Eltern begleiten ihre Kinder» (siehe Literaturverzeichnis).

Meist hat sich bei Prüfungsstress ein familiärer Teufelskreis eingespielt: Mit den ersten schlechten Noten steigt die Sorge der Eltern, sie reagieren vielleicht nervös und überfordert. Das Kind, das nicht den Erwartungen seiner Eltern entsprechen kann, ist entmutigt, kommt sich als Versager vor, es verliert die Lust am Lernen, ist in Prüfungen blockiert. Eine Klassenwiederholung oder ein Schulwechsel drohen. Jetzt geraten die Eltern in Panik... die «Versagensspirale» dreht weiter.

- Lassen Sie sich von den Ängsten und dem Stress Ihres Sohnes, Ihrer Tochter nicht anstecken.

- Bewahren Sie also bei allem Stress und aller Sorge die Ruhe und das Vertrauen in die Fähigkeiten Ihres Kindes.

## 3. Wie können Lehrerinnen und Lehrer helfen?

Kürzlich wünschte eine 17jährige Schülerin, mich zu interviewen. Es ging um eine Jugendsendung am Radio über Prüfungsangst. Die Idee zu dieser Sendung hatte ihr eine Freundin vermittelt. Weil diese stark unter Prüfungsängsten litt, nahm sie allen ihren Mut zusammen und sprach mit der Lehrerin. Doch sie stiess auf keinerlei Verständnis: «Prüfungsangst? Diese faule Ausrede kenne ich, die haben schon früher Schüler gebracht, die sich zu wenig vorbereitet haben. Wenn Sie besser lernen würden, erhielten Sie auch anständige Noten!»

Diese unsensible Reaktion ist sicher eine Ausnahme. Aber ist das Verständnis für Prüfungsnöte in der Lehrerschaft so gross? Dabei haben nicht wenige früher selber darunter gelitten. Doch dies liegt lange zurück und ist in Vergessenheit geraten. Dazu kommt, dass Schüler, die unter Prüfungsangst leiden, es nicht wagen, ihre Lehrerin oder den Lehrer darauf anzusprechen. Die Angst, nicht ernst genommen oder gar lächerlich gemacht zu werden, ist zu gross. Selbst Schülerinnen und Schüler untereinander sprechen kaum je über dieses Thema: Wer wagt es denn, über eine eigene Schwäche mit anderen zu reden? So bleibt das Thema Angst vor Prüfungen und vor dem Versagen tabu. Wer darunter leidet, empfindet sich als Sonderfall und gerät noch mehr in den Teufelskreis der Lernstörung.

Kann Prüfungsstress vermieden werden? Oder gehört er zum Selektionsprinzip unserer Gesellschaft, wo nur seelisch Robuste den Kampf ums Dasein bestehen können? Ist unser Prüfungssystem an Schulen und Universitäten ein Initiationsritual (Einweihungsbrauch), das mit einem gewissen Mass an Leid verbunden sein muss? Ich spreche jetzt nicht das Lampenfieber an, das in Prüfungen die meisten befällt, sondern die oft existentielle Angst vor dem Versagen. In diesem Buch kann nicht auf diese strukturellen Ursachen der Prüfungsangst eingegangen werden. Alle laufenden Schulreformen verfolgen auch das Ziel einer angst- und notendruckfreien, möglichst wenig selektionsbetonten Schule. Bis diese Reformen realisiert sind, können Sie innerhalb der gegebenen Strukturen einiges tun, um Schulstress und Prüfungsangst abzubauen oder gar weitgehend zu vermeiden.

## 4. Tips für Lehrkräfte

• Zu einer guten Lernatmosphäre gehört die positive Beziehung zwischen Lehrern und Schülern. Wie soll dies Fachlehrerinnen und -lehrern an weiterführenden Schulen möglich sein, die oft weit über hundert Schülerinnen und Schüler unterrichten?

Vielleicht helfen folgende Tips weiter:

• Es ist bekannt, dass ein autoritärer Unterrichtsstil Schul- und Prüfungsängste auslöst. Benützen Sie deshalb die Notengebung und die Prüfungen nicht als Mittel, die Disziplin in Ihrer Klasse aufrechtzuerhalten.

• Legen Sie nicht den Finger auf jeden Fehler. Eine Rüge oder eine Kritik sind sicher gelegentlich angezeigt. Anerkennen Sie vor allem positive Leistungen. Denken Sie positiv über Ihre Schülerinnen und Schüler (auch wenn dies nicht immer leicht fällt!).

• Wenn Sie Ihre Schüler für Ihr Fach oder das aktuelle Thema begeistern oder zumindest erwärmen können, fördern Sie die primäre Lernmotivation und verhindern Lernunlust und Lernstress.

• Ermutigen Sie schwächere Schüler, anstatt sie dauernd ans Versagen zu erinnern.

• Vermeiden Sie abschätzige Bemerkungen wie z.B. «Wieder einmal nichts begriffen! Das lernst Du nie!» oder «Wenn Sie schon so schwach im Französisch sind, müssen Sie nicht so herumquatschen!» Diese Äusserungen sind destruktiv und verstärken eine vorhandene Lernstörung noch mehr.

• Wenn Sie Humor «besitzen», dürfen Sie sich glücklich schätzen. Humor entspannt und entkrampft auch heikle Situationen. Allerdings achten Sie darauf, dass Ihre witzigen Bemerkungen niemand verletzen. Der Schritt von der Ironie zur satirischen Bemerkung ist oft klein. Dann wird Humor zur Ohrfeige, zur hübsch verpackten Aggression gegen die Schüler.

• Empfindsame Kinder und Jugendliche haben Panik davor, blossgestellt zu werden. Greifen Sie energisch ein, wenn sich in Ihrer Klasse einzelne über andere lustig machen.

• Sprechen Sie mit Ihrer Klasse über Schulstress und Prüfungsangst. Sammeln Sie Vorschläge zur Verbesserung (in diesem Buch finden Sie einige Anregungen).

• Führen Sie mit der Klasse Entspannungs- und Konzentrationsübungen durch. Ein Beispiel folgt weiter unten.

• Wenn Sie von Schülerinnen oder Schülern hören, dass sie unter Prüfungsangst leiden, sprechen Sie mit ihnen, nach Bedarf auch mit ihren Eltern. Eventuell kann der Schulpsychologische Dienst beigezogen werden, vor allem wenn es um eine tiefergehende Motivations- und Lernstörung geht.

## 5. Entspannungs- und Konzentrationsübungen im Unterricht

Die meisten Lehrerinnen und Lehrer sind daran interessiert, den Notendruck und den Prüfungsstress abzubauen. Ihnen geht es nicht darum, ihre Klasse mit Noten und Prüfungen zu disziplinieren oder gar einzuschüchtern. Für sie sind folgende Anregungen gedacht.

Es empfiehlt sich, die vorgeschlagene Konzentrations- und Entspannungsübung erstmals im Anschluss an ein Klassengespräch über Prüfungsstress einzuführen. Wiederholen Sie die Übung im Laufe der Zeit immer wieder, damit sie in Fleisch und Blut übergeht. Es lohnt sich auch, sie vor einer schriftlichen Prüfung durchzuführen. Der Zeitverlust ist minim, der Gewinn aber enorm, vor allem für nervöse Kinder und Jugendliche.

Die folgende Formulierung können Sie für Ihre Klasse entsprechend abändern.

**Anweisung zur Konzentration und Entspannung im Unterricht**
Wir haben gehört, dass die meisten Schülerinnen und Schüler vor schriftlichen oder mündlichen Prüfungen aufgeregt sind. Manche sind so nervös, dass sie sich nicht mehr konzentrieren können. Es kommt sogar vor, dass alles, was sie gelernt haben, wie weggeblasen ist, einfach vergessen! Ich möchte Euch heute zeigen, wie Ihr locker und konzentriert arbeiten könnt und weniger in Stress kommt. Wir führen jetzt diese Übung alle zusammen durch. Setzt Euch so auf Euren Stuhl, dass beide Füsse fest auf dem Boden stehen (evtl. zeigen), die Arme und Hände legt Ihr flach auf das Pult (den Tisch).

(Sprechen Sie ruhig, aber nicht monoton, nach jeder Anweisung eine Pause.)

Jetzt dürfen sich die Augen schliessen. Spürt mit den Füssen Eure Schuhe, bewegt die Zehen. Nun fühlt mit den Fusssohlen durch die Schuhe hindurch den Boden.

Nehmt wahr, wo Ihr den Stuhl spürt: im Gesäss, am Rücken.

Jetzt beobachtet, wie Arme und Hände aufliegen. Wie fühlt sich das an?

Seid jetzt ganz bei Eurem Atem. Die Luft streicht durch die Nase ein und aus.

Der Atem kommt und geht ganz von selber. Er bewegt Brust und Bauch wellenförmig. Verfolgt jetzt diese ruhige Atembewegung. Sprecht innerlich zu Euch selbst folgende Worte: «Ich fühle mich ganz locker, sicher und frei.»

(1–2 Minuten Stille*)

Wir beenden die Übung: Ballt die Hände zu Fäusten, streckt und reckt Euch und öffnet die Augen.»

Es kann vorkommen, dass vor allem pubertierende Jugendliche Mühe mit dieser Übung bekunden. Lassen Sie sich dadurch nicht irritieren, sondern wiederholen Sie die Übung im Laufe der Zeit immer wieder. Dies soll stets ohne jeden Zwang geschehen. Ältere Jugendliche bitten Sie, einfach ruhig zu sein, damit sie ihre Mitschüler nicht stören. Falls einige in Kichern ausbrechen, stellen Sie gelassen fest, dass das Lachen auch entspannt, es löst vorhandene Spannungen. Bitten Sie aber um Rücksicht auf die anderen, die von der Übung profitieren möchten.

Empfehlen Sie den Schülerinnen und Schülern, diese Übung auch zu Hause beim Lernen anzuwenden, wenn sie sich besser konzentrieren möchten.

Weitere Anregungen, z.B. zu «Phantasiereisen» finden sie z.B. im Buch von Maureen Murdock «Dann trägt mich meine Wolke».

Vielleicht finden Sie eine passende meditative Musik, die Sie während der Übung im Hintergrund abspielen können. Auf der Kassette «Frei von Prüfungsstress» eignet sich vor allem die Übung im Sitzen für den Unterricht.

* Bei öfterem Üben auch länger.

Es gibt noch andere Kassetten mit Entspannungs- und Meditationsmusik auf dem Markt, die Sie einsetzen können.

# 6. Jugendliche bewältigen Stress und Prüfungsangst

## *1. Zum Selbsthilfeprogramm dieses Buches*

Das Trainingsprogramm habe ich entwickelt aufgrund meiner Erfahrungen mit Einzel- und Gruppenbehandlungen von Kindern und Jugendlichen, die unter Schulstress und Prüfungsangst leiden. Als Methoden setze ich zwei Eutonieübungen nach Gerda Alexander ein, ferner ein mentales Training, das auf die schulische Prüfungssituation zugeschnitten ist. In Kursen hat das Gespräch über das Erleben von Schulstress und Prüfungsangst einen wichtigen Platz.

**Eutonie** (nicht zu verwechseln mit Eurythmie nach Rudolf Steiner) hilft sehr wirksam, die bei allen Stress- und Angstformen auftretende muskuläre Anspannung zu lösen. Dieses Ziel wird vor allem mit der Übung im Liegen erreicht. Geistige Aktivität beim Lernen und in Prüfungen setzt aber nicht einen Zustand der totalen Entspannung voraus; es geht darum, einen mittleren Anspannungszustand (Tonus) anzustreben. Gerade entmutigte und demotivierte Jugendliche neigen zu einem resignativen Sichhängenlassen und damit zu einer schlaffen Körperhaltung. Eutonie hilft ihnen, die notwendige Spannung aufzubauen, um geistig aktiv und wach zu werden. Die Eutonieübung im Sitzen mag zwar anfänglich etwas anstrengend sein, sie ist aber ein ausgezeichnetes Konzentrationstraining und stärkt als erwünschte Nebenwirkung den Rücken und damit auch das oft angeschlagene Selbstbewusstsein. Eutonische Übungen haben sich in meiner Arbeit mit Jugendlichen, die unter Prüfungsstress leiden, besonders gut bewährt. Sie sind etwas einfacher und leichter lernbar als das Autogene Training und auch besser anwendbar in der Ernstsituation der schulischen Prüfung.

**Mentales Training** ist, wie schon erwähnt, ein Sammelbegriff für jede Form von geistiger Beeinflussung. Das im Buch und auf der Kassette verwendete mentale Training ist speziell auf die schulische Prüfungssituation zugeschnitten. Es soll folgende Ziele erreichen:

1. Das innere Selbstgespräch modifizieren: Negative Gedanken stoppen, sich positiv ermutigen.

2. Die Angst reduzieren durch eine systematische Desensibilisierung: In der Phantasie wird die Prüfungssituation möglichst lebhaft vorgestellt, aufkommende Angst und Spannungen werden unmittelbar durch die erlernten Entspannungsübungen abgebaut.

3. Sich bei starker Stressbelastung in Prüfungen entspannen können («Erste Hilfe bei Stress»): Sich eutonisch durchspüren, bewusst atmen, sich ermutigen.

Die Kombination dieser Methoden hat sich nach meiner Erfahrung als ausgesprochen wirksam erwiesen, vor allem bei Jugendlichen, denen es gezielt darum geht, sich von Schulstress und Prüfungsangst zu befreien.

## 2. Weitere Hilfen für Jugendliche zur Stressbewältigung

Im folgenden beschreibe ich einige ausgewählte Methoden, die auf eine mehr indirekte Art und Weise Schul- und Prüfungsstress abbauen helfen.

**Yoga:** Diese ursprünglich religiösen Körperübungen aus Indien haben in der westlichen Welt schon lange an Boden gewonnen. Viele Entspannungsmethoden berufen sich auf Yogatechniken. Auch wenn körperlich geübt wird, hat Yoga mit Gymnastik nichts zu tun. Es geht vor allem darum, Harmonie von Körper und Seele zu erreichen. In diesem Sinne ist Yoga eine hervorragende Hilfe zur Stressbewältigung.

**Meditation:** Auch Meditationsübungen stammen weitgehend aus östlichen Kulturen. Sie werden dort in religiösem Rahmen ausgeübt.

Aber auch in unserer Kultur gibt es diese Form der Betrachtung, des Sich-Versenkens, in allen möglichen Formen. Sie können meditieren, wenn Sie ein Musikstück anhören, die Wellen des Meeres beobachten, ein Bild betrachten oder wenn Sie einfach dasitzen und in sich hineinhorchen.

Wer regelmässig eine Form der Meditation einübt, wird ruhiger und gelassener und weniger stressanfällig.

**Atemtechniken:** Atmen ist Leben. Wer richtig atmet, lebt richtig! In unserer kurzatmigen Zeit ist es besonders wichtig, richtig zu atmen. Atemkurse und Atemtherapien zeigen den Weg zum gesunden Atmen und tragen viel zur Stressbewältigung bei.

Auch im Selbsthilfeprogramm dieses Buches spielt der Atem eine wichtige Rolle.

**Kampfsportarten (Judo, Karate u.a.):** Die östlichen Kampfsportarten sind nicht nur ein körperlicher Sport, richtig angewendet harmonisieren auch sie Geist und Seele. Aufgestaute Aggressionen können positiv ausgelebt, das Selbstbewusstsein gestählt werden. Beides hilft bei der Bewältigung von Schul- und Prüfungsstress.

**Laufsport (Jogging) und andere Sportarten:** Eine gute Hilfe zur Bewältigung von Stress ist der Laufsport. Doch geht es weder um Spitzenleistungen noch darum, viel Geld für ein modisch gestyltes Outfit auszugeben! Es ist wissenschaftlich erwiesen, dass Laufen hilft, seelischen Ärger und Frust abzureagieren. Insbesondere Jogging wirkt therapeutisch bei depressiven Stimmungen. Bei länger dauernden körperlichen Anstrengungen wird ein spezielles Hormon freigesetzt, das die psychische Stimmung verbessert. Manche Sportler werden fast süchtig nach diesem Glücksgefühl. Allerdings ist diese Sucht recht harmlos, wenn man sie mit der Drogen- oder Medikamentenabhängigkeit vergleicht.

Der Laufsport soll aber nicht den seelisch-geistigen Stress durch den körperlichen Stress ersetzen. Wenn Sie die Möglichkeit haben durch die freie Natur zu joggen, anstatt durch die abgasgeschwängerten Asphaltwüsten, wird auch Ihre Seele Erholung finden.

In den Pausen beim Lernen und bei den Hausaufgaben sind gymnastische Übungen wie Stretching oder Übungen auf dem Minitrampolin sehr empfehlenswert. Sie lockern die Muskeln, die durch das Sitzen und die geistige Anstrengung verspannt sind, und setzen Energien frei, um frisch und hellwach weiter lernen zu können.

Vielleicht finden Jugendliche auch bei anderen Sportarten Freude und Erholung. Sie treffen dort sympathische Menschen, mit denen sie gut auskommen können. Wenn aber im Sportklub vor allem

Konkurrenz, Wettbewerbsdenken und Leistungsehrgeiz im Vordergrund stehen, ist bezüglich Stressbewältigung für die Schule wenig gewonnen.

## 3. Wie können Sie Jugendliche beim Trainingsprogramm unterstützen?

Die in diesem Buch und auf der Kassette vorgeschlagenen Übungen sind als Selbsthilfeprogramm für Jugendliche entwickelt worden. Eltern und Lehrpersonen können zwar Jugendliche ermuntern, das Buch zu lesen und das Programm anzuwenden; zu viel «Motivieren» oder gar ständiges Ermahnen, die Übungen durchzuführen, kann aber gerade das Gegenteil bewirken.

Bei jüngeren Kindern (bis etwa 12 Jahre) ist es empfehlenswert, wenn Mutter, Vater oder die ganze Familie die Entspannungsübungen gemeinsam durchführen, z.B. mit der Kassette regelmässig üben. Damit helfen Sie nicht nur Ihrem Kind, auch Ihnen wird das Antistressprogramm wohltun! Organisieren Sie sich so, dass die Übungen zu einem täglichen Ritual werden. Gemeinsame Entspannungsübungen verbessern die familiären Beziehungen und führen oft zu besseren schulischen Resultaten als manche elterliche Nachhilfestunde.

Die speziell für dieses Buch entwickelte Übungskassette ist für die Jugendlichen eine wertvolle Hilfe.

**Zusammenfassung Kapitel 7: Nur für Erwachsene?**

Dieses Kapitel ist für Deine Eltern und Deine Lehrerinnen und Lehrer gedacht.

Ich versuche ihnen zu zeigen, was sie unternehmen können, um einen stressgeplagten Jugendlichen oder eine Schülerin mit Prüfungsangst zu unterstützen.

Gib das Buch den Eltern und vielleicht auch Deiner Klassenlehrerin, Deinem Klassenlehrer und bitte sie um ein Gespräch über Deine Schulprobleme.

# Anhang

## *Literaturverzeichnis*

Diese Liste enthält keine Fachbücher, sondern praktische Ratgeber für Jugendliche und Erwachsene, vor allem aus dem Bereich der Lern-und Arbeitsmethodik.

### 1. Speziell für Jugendliche

• Birkenbihl F. Vera: Stroh im Kopf. Gebrauchsanleitung fürs Gehirn. Moderne Verlagsgesellschaft, München 1991.
Für ältere Schüler, Studenten und Erwachsene

• Dittrich Helmut: Mehr Erfolg bei Prüfungen. Schneller lernen, besser vorbereiten, mehr erreichen. Econ Ratgeber, Düsseldorf 1987.
Taschenbuch für Jugendliche und Erwachsene.

• Endres Wolfgang und Althoff Dirk: Das Anti-Pauk-Buch. Beltz-Info, Weinheim und Basel 1988.
Taschenbuch für Schüler, ab ca. 12 Jahre.

• Endres Wolfgang und Arbeitsgemeinschaft Lernmethodik: So macht Lernen Spass. Praktische Lerntips für Schüler. Beltz-Verlag, Weinheim und Basel, 11. Auflage 1991.
Für Schülerinnen und Schüler im Alter von 11 bis 16 Jahren.

• Kaiser Lothar: aha! So lernt man. Comenius Verlag, Hitzkirch 1992.
Dünnes Lernheft für jüngere Schüler.

• Kugemann Walter F.: Kopfarbeit mit Köpfchen, moderne Lerntechnik. Verlag J. Pfeifer, München 1989 (15. Auflage).
Noch immer ein Klassiker. Für ältere Schülerinnen, Schüler und Studierende.

• Schräder-Naef Regula D.: Der Lerntrainer für die Oberstufe. Beltz, Weinheim und Basel 1993.
Praktische Hilfen für Schüler und Studierende.

• Schräder-Naef Regula D.: Rationeller lernen. Beltz, Weinheim und Basel 1992 (17. Auflage).
Lerntechniken für Schüler und Studierende.

• Schräder-Naef Regula D.: Schüler lernen lernen. Beltz, Weinheim und Basel 1991 (14. Auflage).
Für jüngere Schüler.

• Teml Hubert: Zielbewusst üben – erfolgreich lernen. Mit Tonbandkassette. Veritas, Linz.
Für Schülerinnen und Schüler.

## 2. Vorwiegend für Eltern und Lehrkräfte

• Endres Wolfgang, Bernard Elisabeth: So ist Lernen klasse. Der beste Lernweg für mein Kind. Kösel-Verlag, München 1992.
Vor allem für Eltern, die ihren acht- bis vierzehnjährigen Kindern beim Lernen helfen wollen.

• Friedrich Sabine, Friebel Volker: Entspannung für Kinder. Übungen zur Konzentration und gegen Ängste. Rororo-Taschenbuch Nr. 980, Hamburg 1989.
Für Eltern, Lehr- und Fachpersonen.

• Hülshoff Friedhelm, Kaldewey Rüdiger: Training, rationeller lernen und arbeiten. Klett-Verlag, Stuttgart 1979.
Für ältere Schülerinnen und Schüler.

• Kjellrup Mariann: Bewusst mit dem Körper leben. Eutonie: Durch Spannungsabbau zu Harmonie und Wohlbefinden. Goldmann Taschenbuch 980, München 1988.
Für Erwachsene und ältere Schüler.

• Krämer Sabine: Gedächtnistraining. Besser merken – mehr erreichen. Buch und Zeit Verlagsgesellschaft, Köln 1992.
Für Erwachsene, ältere Schüler und Studenten.

• Kugemann Walter F.: Lerntechniken für Erwachsene. Rororo-Taschenbuch, 1992.
Für Studierende und Erwachsene.

• Landolt Hermann: Erfolgreiches Lernen und Lehren. Verlag Sauerländer, 1994.
Für Lehrkräfte und Erwachsene.

• Mosimann Werner und Frick René: Lernen ist lernbar. Eine Anleitung zur Arbeits- und Lerntechnik in Schule, Aus- und Weiterbildung. Verlag Sauerländer, 1994.
Für Unterricht und Selbststudium.

• Müller Else: Du spürst unter Deinen Füssen das Gras. Autogenes Training in Phantasie und Märchenreisen. Vorlesegeschichten, Fischer Taschenbuchverlag Nr. 1290.
Für Eltern, Lehr- und Fachpersonen.

• Murdock Maureen: Dann trägt mich meine Wolke. Wie Grosse und Kleine spielend leicht lernen. Hermann Bauer-Verlag, Freiburg i.Br., 4. Aufl. 1992.
Für Eltern und Lehrkräfte.

• Schmid Niklaus: Wenn Kinder erwachsen werden. Eltern begleiten ihre Kinder. Eigenverlag Dr. N. Schmid, Oberer Kreuzenweg 20, CH-4125 Riehen.
Speziell für Eltern.

• Suinn, Richard M.: Übungsbuch für mentales Training: in 7 Schritten zu sportlichen Hochleistungen. Verlag Hans Huber, Bern Stuttgart 1989.
Für Sportlehrer und Jugendliche, die Leistungssport betreiben.

- Teml Helga und Hubert: Komm mit zum Regenbogen. Phantasiereisen für Kinder und Jugendliche, mit Kassette. Veritas, Linz 1991.
Geeignet für Kinder und Jugendliche, vermittelt durch Erwachsene.

- Wöbking Wolfgang: Mein Kind – spielerisch fördern durch mentales Training. Gräfe und Unzer, München 1991.
Speziell für Eltern jüngerer Kinder.

- Wolf Doris und Merkle Rolf: So überwinden Sie Prüfungsängste. Psychologische Strategien zur optimalen Vorbereitung und Bewältigung von Prüfungen. PAL, Mannheim 1989.
Für Studierende und Erwachsene.

- Wolf Doris: Ängste verstehen und überwinden. Gezielte Strategien für ein Leben ohne Angst. PAL, Mannheim, 4. Auflage 1991.
Geeignet für Erwachsene.